Ensayos InterAmericanos

Volumen 3

Editores | Herausgeber

Wilfried Raussert
Center for InterAmerican Studies, Universidad de Bielefeld
Olaf Kaltmeier
Center for InterAmerican Studies, Universidad de Bielefeld

Barbara Frank-Job

La Migración como Proceso

El Concepto de Temporalidad en Blogs de
Migrantes Latinoamericanos a Quebec

La Migración como Proceso
El Concepto de Temporalidad en Blogs de Migrantes Latinoamericanos a Quebec.

Autor: Barbara Frank-Job
Übersetzung: Alba Crespo Ruiz
Ensayos InterAmericanos, Vol 3
Bielefeld: Kipu-Verlag, 2020

ISBN Print: 978-3-946507-45-1
ISBN E-Book: 978-3-946507-46-8

SPONSORED BY THE

Federal Ministry
of Education
and Research

Diese Publikation wurde unter Verwendung der vom Bundesministerium für Bildung und Forschung (BMBF) bereitgestellten Mittel veröffentlicht.

Cover Image: Maria Tomeczek

Kipu-Verlag
c/o
Center for InterAmerican Studies (CIAS)
Universität Bielefeld
PF 101131
33501 Bielefeld, Deutschland
http://www.uni-bielefeld.de/cias/

Contenido

1. Introducción

Los inmigrantes, las personas que están dispuestas a inmigrar y los interesados en la inmigración se encuentran juntos en el espacio de comunicación virtual de la Web 2.0, en comunidades virtuales sobre inmigración. Los blogs web, en especial los de inmigrantes latinoamericanos, forman una red grande y compleja de diarios de migración con comentarios y un animado intercambio interactivo de información sobre el tema (Frank-Job & Kluge 2015, Kluge 2015).

Este ensayo se basa en el análisis de un corpus de más de 3000 páginas de blogs web predominantemente hispanohablantes sobre la migración a Quebec, que se pusieron en_línea entre 2004 y 2012, así como las ofertas de comunicación online de instituciones oficiales de inmigración (franco) canadienses.

Los autores y autoras de los blogs provienen de los países de origen hispano más diversos de América Latina y se encuentran en diversas etapas de su proceso de migración: desde posibles inmigrantes interesados en emigrar a Quebec que buscan información y opinión a través de migrantes con más experiencia, pasando por inmigrantes en diferentes etapas del proceso de migración e inmigrantes recién emigrados, hasta aquellos que ya se han integrado con éxito en la sociedad francocanadiense y que describen, narran y comentan retrospectivamente su largo viaje sobre la base de sus experiencias.

En sus representaciones y narraciones, los blogueros reflexionan lingüísticamente todo el proceso de inmigración, desde la decisión de la emigración y el paso gradual de los varios pasos de preparación, hasta la inmigración misma. Esto a su vez se presenta como un largo proceso de etapas individuales de integración, que solo encuentra su conclusión narrativa con la adquisición de la ciudadanía canadiense. El proceso de migración presentado lingüísticamente se acompaña de manera interactiva con internautas más o menos regularmente participantes que toman posición en comentarios. Se relaja un proceso de comunicación continua de varios años, en el que los actores migrantes construyen, a veces incluso reflejan y discuten diferentes conceptos temporales. La migración se determina desde esta perspectiva como la sucesión de etapas en un proceso integral que es a la vez el motor y la base de los procesos de transformación de identidad y apropiación. Como resultado, estas construcciones ayudan a los inmigrantes que interactúan a comprender y gestionar el proceso de inmigración en su conjunto y los desafíos que plantea, así como las decepciones personales o lesiones.

En el contexto de las reflexiones de Michel De Certeau sobre el contenido político-identitario de las acciones de los actores cotidianos en el contexto de determinadas estructuras institucionales (De Certeau 1990) e incorporando los resultados de la investigación actual del análisis de la entrevista clínica (Opp / Frank-Job / Knerich 2015; Opp / Frank-Job 2017) e investigación narrativa psicológica sobre el significado terapéutico de la interacción verbal a través de experiencias biográficas (Lucius-Hoene / Deppermann 2004a und 2004b; Neuner et al. 2009; Schauer et al. 2011; Scheidt et al. 2015) se entiende el proceso de construcción de significado en este ensayo como un método de los actores para adquirir y procesar las órdenes y estructuras institucionalmente prescritas de la inmigración y, por lo tanto, también para procesar y manejar las experiencias problemáticas y estresantes en el camino de la migración. Estas relaciones teóricas se explicarán a continuación.

No es sorprendente que la temporalidad juegue un papel importante en los blogs de los inmigrantes[1]. Después de todo, el proceso de migración representa un largo período de tiempo y nuevo en la biografía de cada migrante, lo que hace que los cambios sean perceptibles y también requiere procesos de adaptación dolorosos. Sin embargo, nos[2] sorprendió lo multifacético, creativo y, sobre todo, con qué efectos importantes

---

[1] Por razones de espacio se usa el masculino como una forma genérica para los nombres de las personas.

[2] Me gustaría dar las gracias a Alba Crespo Ruiz por su intensa cooperación en el proyecto, numerosas sugerencias conceptuales y, especialmente, por haber traducido al español mi ensayo. Cuando a continuación hablo de "nosotros", incluyo a mi colega y antigua colaboradora de proyectos Bettina Kluge, a mi colega Valeriano Bellosta von Colbe y a Nicole Drees-Álvarez. Todos ellos han participado en el análisis de los blogs web para el corpus. Por las muchas observaciones y sugerencias críticas, me gustaría dar las gracias al grupo del proyecto CIAS en el largo proceso del ensayo y al grupo de trabajo de Bielefeld sobre lingüística conversacional.

para la construcción de la identidad han sido probados en el curso de nuestro corpus los conceptos temporales.

Este hallazgo apunta a la situación especial heurística de los migrantes blogueros, por un lado, y al importante papel de la interacción en la formación de conceptos de identidad, por otro.

Se sabe desde la sociología del conocimiento que las situaciones de agitación biográfica en las que se puede incluir la migración son heurísticamente particularmente valiosas. Esto se refiere específicamente a situaciones en las que los valores que se han dado por sentados hasta entonces, las normas y las perspectivas, ya no son suficientes para hacer frente a la situación actual. Por eso, para desafiar su conocimiento cotidiano, el individuo necesita impulsos especiales. Alfred Schütz (1971) llama a situaciones en las cuales tales impulsos se reciben "situaciones problemáticas":

> Auch »neue« Elemente werden mit Hilfe schon vorhandener Deutungsschemata und Typisierungen ausgelegt, jedoch nicht in einer für mein planbestimmtes Interesse ausreichenden Weise. [...] Ich muß also die »offenen« Elemente der Situation weiter auslegen, bis sie die vom planbestimmten Interesse vorgegebene Klarheitsstufe, Vertrautheitsstufe und Widerspruchsfreiheit erreicht haben. Wir wollen solche Situationen problematische Situationen nennen. In problematischen Situationen, im Gegensatz zu Routine-Situationen, muß ich also neue Wissenselemente erwerben oder alte, aber für die gegenwärtige Situation nicht genügend geklärte Wissenselemente auf höhere Klarheitsstufen überführen. (Schütz / Luckmann 1979, 150)

Incluso los elementos "nuevos" se interpretan con la ayuda de esquemas de interpretación y tipificaciones ya existentes, pero no de una manera suficiente para mi interés planificado. (...) Entonces, tengo que interpretar más los elementos "abiertos" de la situación hasta que hayan alcanzado el grado de claridad, familiaridad y coherencia que predeterminan el interés planificado. Queremos llamar a tales situaciones "situaciones problemáticas". En situaciones problemáticas, a diferencia de las situaciones de rutina, tengo que adquirir nuevos elementos de conocimiento

o transferir viejos elementos de conocimiento, que no están suficientemente aclarados para la situación actual. (del alem., en es.: traducción
A. C. R.)[3]

En situaciones problemáticas, a menudo hay un marcado aumento en la
autorreflexión de los actores que documentan en palabras sus propias
acciones (Berger / Luckmann 1968). En una situación tan problemática
dentro de su biografía se encuentran los migrantes, que reflejan su vida
actual en la Web 2.0 e intentan diseñar sus vidas futuras. Para hacerlo,
ponen con palabras su conocimiento de los valores, las condiciones de
vida, los estándares de evaluación, etc., y lo comparten con otros para
que puedan construir cooperativamente nuevas identidades en un complejo proceso de negociación.

> The experience of change and of physical or moral displacement leads
> people to revisit and question their past inventory of identities in order
> to rebuild a sense of self. (DeFina, Schiffrin, Bamberg 2006, 345)

> La experiencia del cambio y del desplazamiento físico o moral lleva a
> las personas a revisar y cuestionar su inventario pasado de identidades
> a fin de reconstruir el sentido del yo. (del en., en es.: traducción A. C.
> R.)

El carácter inestable, contingente, compuesto y autorreflexivo de la
identidad (Antaki y Widdicombe 1998) se vuelve particularmente fácil
de entender y analizar para los propios migrantes, pero también para el
observador científico.

Las formas interactivas de comunicación desarrolladas en los últi-
mos años sobre la base del llamado software social, como e. g. los blogs
web, foros o wikis demuestran ser particularmente valiosos en la compleja situación de la migración, porque permiten a sus usuarios construir relaciones sociales sobre la base de intereses y experiencias compartidos (Frank-Job et al. 2013). Esto los hace formas de comunicación
particularmente atractivas para las personas de todo el mundo que

---

[3]   Todas las citas de este corpus con la indicción: "traducción A. C. R." han
      sido traducidas de su versión original al español por Alba Crespo Ruiz.

desean migrar. Estas formas de comunicación tienen un rango comunicativo espacialmente y temporalmente ilimitado, además de proporcionar un espacio de interacción virtual compartido dirigido a un grupo de personas interesadas en la migración.

Una motivación esencial para comunicar la migración en el espacio virtual es que los migrantes tengan la posibilidad de presentar su propia experiencia y conocer experiencias de otros, intercambiar con ellos el significado de estas experiencias y ampliar así su propia perspectiva. Además de la información objetiva necesaria sobre el tema de la migración, reciben también una confirmación de su decisión de migrar o la confirmación reconstructiva del camino ya tomado en el curso del proceso de migración.

Además, se aseguran mutuamente su estatus de expertos en migración por derecho propio a través de la práctica de los blogs y las interacciones lingüísticas resultantes. Todo esto explica por qué los inmigrantes prefieren o recurren a formas de comunicación con una fuerte naturaleza cooperativa: la confirmación esperada necesita una contraparte confirmadora, que posibilite la verbalización de las propias orientaciones, conceptos y categorías y refleje su valor en la comunidad comunicativa y también para ellos mismos. Al mismo tiempo, el desarrollo cooperativo de conceptos y categorías da a la nueva identidad orientación común para los valores y criterios dados por las instituciones de migración.

Otro aspecto esencial de los blogs web, como veremos, es el poder epistémico de la escritura. Éste es de particular importancia en relación con la escritura autobiográfica, que los blogs web de migración representan de muchas maneras:

> Es fungiert damit auch als eine Form derjenigen Institutionen, die Alois Hahn (1987: 12) als „Biographiegeneratoren" bezeichnet hat: Als [...] Spezialinstitution, wo sich das Individuum, das in der funktional differenzierten Gesellschaft keinem Funktionssystem zugeordnet, sondern extrasozial platziert ist [...], als Einheit beschreiben kann [...]. (Enderli 2014, 38)

Por lo tanto, también funciona como una forma de esas instituciones que Alois Hahn (1987: 12) ha llamado "generadores de biografía":

como una [...] institución especial, donde el individuo, que en una sociedad funcionalmente diferenciada no está asignado a un sistema fun-
cional pero está colocado extrasocialmente [...], se puede describir
como una unidad [...]. (del alem., en es.: traducción A. C. R.)

Al contrario del diario secreto, el blog se beneficia de la interacción
sobre la experiencia biográfica y su procesamiento dentro de la comunidad comunicadora. De manera similar a otros "generadores de biografía" interactivos (como la confesión o la conversación psicoterapéu-
tica, v. Enderli 2014, 39), el intercambio interactivo de mensajes auto-
biográficos tiene una función curativa adicional: asimismo la contraparte en la migración respalda y confirma en comentarios positivos y
suplementarios el procesamiento lingüístico de la experiencia personal
y, por lo tanto, facilita su procesamiento (Scheidt / Lucius-Hoene 2015).

Finalmente, como resultado de estos procesos de negociación interactivos, cada una de las propias experiencias biográficas - los que
interactúan en el blog son en su mayoría migrantes que tienen experiencias similares, así que experimentan sus propias experiencias como "experiencias compartidas" - produce una identidad colectiva en el sentido
de una *Community of Practice* (Wenger 1998; Frank-Job & Kluge
2015; Kluge 2015), que se constituye por escrito sobre la experiencia
de la migración y sus reflexiones resultantes.

Desde el punto de vista de Michel De Certeau, las construcciones
de identidad de los blogueros migrantes pueden verse como un reflejo
de las políticas oficiales de inmigración e integración de la sociedad
objetivo. Estas reglas y estructuras institucionalizadas someten al inmigrante a una práctica de atribución de valores dados. Juega un papel
destacado la autodefinición de Canadá como un país de inmigración con
clasificaciones de características bien definidas para los inmigrantes y
un *parcours* predefinido de las etapas que se completarán. El **capítulo
2** presenta los conceptos y categorías de evaluación de la política oficial
de inmigración de Canadá y el punto de vista filosófico cultural de Quebec como estrategias de poder que determinan el marco de acción elegido por los inmigrantes, y utiliza ejemplos de conceptos de temporalidad para guiar a los migrantes blogueros.

Los procesos de construir significado de los migrantes - que en sus blogs ponen en palabras sus propias experiencias dentro de este *parcours* y en cada una de sus etapas, y que las hacen comunicables con varios métodos de representación y narrativa para negociarlas con otros migrantes o discutir su significado - se pueden entender como "tácticas" o "usos" de los actores cotidianos, aquellos que localizan las estructuras predefinidas de la migración como "consumidores", se apropian de sus propios contextos biográficos, reinterpretándolos y transformándolos subversivamente (De Certeau 1990, 52ss).

De la misma manera que el beréber magrebí en el ejemplo de De Certeau (De Certeau 1990, 51s.) usa su vivienda social estándar prefabricada en el suburbio parisino de la manera tradicional propia para crear el mayor espacio posible para una vida a la manera de su patria, y a pesar de la inmutabilidad de las condiciones espaciales, llega a soluciones inesperadas e imprevistas, los inmigrantes blogueros encuentran formas nuevas, imprevistas y, para ellos mismos, beneficiosas de tratar con los requisitos del Departamento de Inmigración. Y aunque no puedan cambiar las estructuras y las reglas de proceso dadas, se prestan a las etapas individuales del curso de inmigración describiéndolas como su experiencia personal, dándoles su propio significado e incorporándolo como un elemento entre muchas de las complejas identidades migratorias. En el **capítulo 3** comprenderemos esto mediante el ejemplo de conceptos de tiempo en dos casos de nuestro corpus.

Similar a las percepciones espaciales, las construcciones de espacialidad, de "in-betweenness", etc., como han sido ampliamente estudiadas para los procesos de transnacionalización (cf. estado de la cuestión en Baynham / De Fina 2017), los conceptos de tiempo y temporalidad se construyen social y culturalmente. Por lo tanto, están determinados y negociados de manera diferente por diversos actores sociales, son cambiantes, heterogéneos y altamente dependientes del contexto. Solo podemos registrarlos mediante verbalizaciones en actos comunicativos, en nuestro caso en los discursos publicados del Departamento de Inmigración de Canadá, y en los mensajes y comentarios en los blogs web de los inmigrantes. Desde el punto de vista microsocial del análisis de conversación, las construcciones de sentido lingüístico y multimedia de los migrantes pueden interpretarse como métodos locales de posicionamiento narrativo (Lucius-Hoene / Deppermann 2004a) y prácticas de afrontamiento (Neuner et al. 2009; Schauer et al. 2011; Scheidt et al. 2015) que a través de su dinámica interactiva y naturaleza emergente muestran la conexión necesaria de la experiencia individual con la participación y la afirmación social (Berger / Luckmann 1967; Hall 1996).

Por lo tanto, la temporalidad se entiende aquí como una "member category" (Hausendorf 2005; Antaki/Widdicombe 1998: 3; Schegloff 2007), un concepto derivado e interpretado por los propios actores a partir de sus experiencias directas y establecido como relevante en la comunicación con otros migrantes. Como todas las "member cateories" (categorías de miembros), los conceptos de temporalidad de los bloggers no deben ser considerados como entidades dadas, sino como "local accomplishments" (logros locales) (Garfinkel 2002; Schegloff 2007; Housley / Fitzgerald 2009), es decir, se negocian "in situ". No son consistentes en sí mismas, sino que se orientan en función de las necesidades comunicativas locales de los miembros del grupo. Su análisis se basa en un examen de los procedimientos de categorización que los migrantes llevan a cabo en sus acciones comunicativas.

La temporalidad en textos e interacciones se ha asociado particularmente con el modo épico de hablar, narrar o "narratividad". Así escribe Paul Ricoeur (1980, 169):

> I take temporality to be that structure of existence that reaches language in narrativity and narrativity to be the language structure that has temporality as its ultimate referent.

> Tomo la temporalidad como la estructura de la existencia que llega al lenguaje en la narratividad y a la narratividad para que sea la estructura del lenguaje que tiene la temporalidad como su referente último. (del en., en es.: traducción A. C. R.)

También en los blogs web de inmigrantes latinoamericanos a Quebec examinados por nosotros se hace un uso regular de las posibilidades de narración para la reconstrucción de experiencias, mediante el cual se crea un tiempo narrativo y así se representan ciertos aspectos de la dimensión temporal del proceso de emigración. Como veremos en el **capítulo 4**, la narración, aunque no la única, es una "táctica" esencial de la apropiación de los "conceptos de temporalidad" por parte de los blogueros migrantes.

A la luz de los hallazgos del análisis conversacional con enfoque clínico y psicológico, el capítulo final, el **capítulo 5** delinea la función terapéutica de los procesos creativos de creación de significado al exponer, describir y narrar lo que se ha experimentado en el blog de los inmigrantes. Aquí, sobre todo, se aclara el poder estructural y estabilizador de la constitución verbal del significado, lo que permite trabajar juntos y superar experiencias de impotencia y ser abandonados frente a órdenes institucionales y reglas de inmigración inalterables. Similar a cómo la reconstrucción narrativa interactiva de experiencias biográficas traumáticas ayuda a los pacientes a procesarlas y reducir tensiones y temores, la reconstrucción lingüística de experiencias estresantes durante el proceso de migración y el intercambio mutuo de comentarios afirmativos y compasivos en la comunidad de comunicación contribuyen al éxito en el procesamiento de estas experiencias.

En el curso de nuestro análisis, la temporalidad resultó ser un pivote temático ideal, para poner en perspectiva la apropiación identitaria del proceso migratorio por parte de los actores participantes dentro de las reglas de política de poder prescritas y las órdenes de la política de inmigración: el procesamiento lingüístico, la adopción y la reinterpretación de los conceptos de temporalidad negociados aquí, así como su negociación comunicativa en la comunidad migratoria de blogueros la producción reconstructiva de la temporalidad en las narrativas migratorias, y también el examen reflexivo del discurso oficial de la política de temporalidad de las autoridades migratorias canadienses, son solo ejemplos de otros numerosos aspectos posibles, que los inmigrantes blogueros revelan cuando tratan con el concepto de "tiempo".

2. Política de inmigración y temporalidad: "Votre parcours d'immigration"[4]

En una primera aproximación al fenómeno de la temporalidad en el proceso de migración, como lo ilustran los blogs de migrantes de América Latina a Quebec se nota que todos se basan en el discurso rector de las políticas oficiales de inmigración e integración de la sociedad objetivo de Quebec.

Allí juega un papel destacado la autodefinición de Canadá como un país de inmigración con rankings de características bien definidas para inmigrantes y un procedimiento muy regulado. Un ministerio especial es responsable de esto a nivel nacional, el *Ministère de l'Immigration, des Réfugiés et de la Citoyenneté* [5]. Comparte sus tareas a nivel regional en Quebec con el *Ministère de l'Immigration, de la Diversité et de l'Inclusion* [6], que también se encarga de la mediación de las políticas oficiales de migración a través de los servicios de comunicación publicados en Internet (http://www.immigration-quebec.gouv.qc.ca/fr/accueil.html): esta información abarca desde la clasificación de los inmigrantes en tipos, las descripciones detalladas de las etapas que deben completarse en la aplicación, la inmigración y la integración, el asesoramiento práctico y los servicios de asesoramiento interactivo.[7]

De esta forma, se constituye para los inmigrantes que buscan información, un discurso institucional que establece para cada inmigrante reglas fijas, procedimientos, conceptos y categorías del proceso de inmigración. Los elementos esenciales de este conjunto oficial de reglas incluyen la lógica atribucional, sobre la que los migrantes no tienen control.

---

[4]   Del fr., en es.: vuestros recorridos de inmigración.

[5]   Del fr.: Ministère de l'Immigration, des Réfugiés et de la Citoyenneté, en es.: Ministerio de Inmigración, Refugiados y Ciudadanía.

[6]   Del fr.: Ministère de l'Immigration, de la Diversité et de l'Inclusion, en es.: Ministerio de Inmigración, Diversidad e Inclusión.

[7]   Cf. en detalle las regulaciones de inmigración para Canadá y Québec Kluge 2011, 195-197.

En un primer paso de la atribución, todos los inmigrantes son asignados a una de las seis categorías para las cuales se han preparado planes de inmigración (www.immigration-quebec.gouv.qc.ca/fr /immigrer-installer/index.html)[8]:

Travailleurs permanents [9] (en es.: trabajadores permanentes)
Gens d'affaires (en es.: gente de negocios)
Travailleurs temporaires (en es.: trabajadores temporales)
Étudiants étrangers (en es.: estudiantes extranjeros)
Regroupement familial (en es.: reagrupación familiar)
Immigration humanitaire (en es.: inmigración humanitaria)

Dado que los blogueros de nuestro corpus invariablemente son inmigrantes de la primera categoría *Travailleurs permanents*, los sistemas de procedimientos de las otras categorías no juegan en lo siguiente ningún papel. Sin embargo, debe enfatizarse que la asignación de personas dispuestas a inmigrar a una de estas categorías ya tiene el carácter de una calificación social en una escala de deseabilidad en la cual hay candidatos de inmigración más y menos deseables. Así, los diversos grupos de inmigrantes se refieren de entrada a condiciones específicas, i.e. a una inmigración específica y también a los obstáculos asociados a ella. La inmigración a Canadá para los *Travailleurs permanents* se basa en un sistema de puntaje que otorga puntos por ciertos rasgos deseados (como edad, educación y conocimiento profesional), cuyo número determina finalmente la posibilidad, así como el momento de la inmigración. El número máximo de puntos a alcanzar es actualmente (a 4/2018) 1,200 puntos (http://www.immigration-quebec.gouv.qc.ca /fr/immigrer-installer).

Desde principios de 2015, los solicitantes de un permiso de residencia permanente deben registrarse en el sitio web del Ministerio de Inmigración y crear su propio perfil. Todos los datos personales relevantes para la distribución de puntos, como las relaciones familiares y

---

[8] A menos que se indique lo contrario, el último acceso a todos los sitios web mencionados aquí tuvo lugar el 04.07.2018.

[9] A partir de ahora, con el objetivo de dar más fluidez a la lectura se dejará la acepción francesa.

las conexiones con Canadá, pero también conocimientos de francés e inglés, educación, experiencia laboral en el país y fuera de él deben ser expuestos en detalle.[10] Por lo tanto, la lógica de atribución del discurso oficial de inmigración define una clasificación de características esenciales y preferidas en lugar de las menos relevantes o menos preferidas. Con respecto a estas propiedades, cada inmigrante individual debe adscribir dentro de esta clasificación. Aquellas cualidades que determinan su identidad como inmigrante son, en primer lugar, claramente definidas por la política oficial de inmigración de Canadá y aceptadas sin cuestionamientos.

La terminología revela las consecuencias que este tipo de categorización de la identidad del inmigrante supone para el individuo. Por lo tanto, la riqueza personal real también divulgada en el perfil en línea, se conoce como el "valor neto personal" (en fr.: *valeur nette personnelle*) de cada inmigrante. El criterio para la "apreciación personal" está determinado por las especificaciones del país de inmigración y, en el contexto mencionado, estos son los recursos financieros del candidato.

Con Michel de Certeau, queremos entender las estructuras complejas, que se definen de la clasificación de los inmigrantes y el establecimiento de criterios deseables (y también de los procedimientos dentro del proceso de inmigración, que se analizarán con más detalle a continuación), como estrategias de poder de la política de inmigración institucionalizada. A través de estas estrategias, la política de inmigración establece su propio ámbito de validez y, por lo tanto, conserva su propia legalidad y autonomía en esta área, por ejemplo en relación con otras instituciones sociales, pero también simplemente contra el peligro de la inmigración no regulada:

> J'appelle « *stratégie* » le calcul (ou la manipulation) des rapports de forces qui devient possible à partir du moment où un sujet de vouloir et de pouvoir (une entreprise, une armée, une cité, une institution scientifique) est isolable. Elle postule *un lieu* susceptible d'être circonscrit comme *un propre* et d'être la base d'où gérer les relations avec *une*

---

[10] Las nuevas regulaciones sobre la inmigración en Canadá entraron en vigor el 2 de agosto de 2018. Estas ya no podían ser consideradas para el presente ensayo.

extériorité de cibles ou de menaces (les clients ou les concurrents, les ennemis, la campagne autour de la ville, les objectifs et objets de la recherche). Comme dans le management, toute rationalisation « straté-gique » s'attache d'abord à distinguer un « environnement » un « pro-pre », c'est-à-dire le lieu du pouvoir et du vouloir propres. Geste carté-sien, si l'on veut : circonscrire un propre dans un monde ensorcelé par les pouvoirs invisibles de l'Autre. Geste de la modernité scientifique, politique ou militaire. (De Certeau 1990, 59)

Llamo "estrategia" al cálculo (o la manipulación) del equilibrio de po-der que se vuelve posible desde el momento en que un sujeto de volun-tad y poder (una empresa, un ejército, una ciudad, una institución cien-tífica) es susceptible de aislarse. La estrategia postula un lugar que pro-bablemente se circunscriba como un lugar *propio* y una base desde la cual administrar las relaciones con una *externalidad* de objetivos o ame-nazas (los clientes o competidores, los enemigos, el campo alrededor de la ciudad, el objetivos y objetos de investigación). Al igual que en la gestión, cualquier racionalización "estratégica" se refiere primero a dis-tinguir un "entorno" de un lugar "propio", es decir, el lugar del poder y la voluntad propios. Acción cartesiana, si quiere: circunscribir lo propio en un mundo embrujado por los poderes invisibles del Otro. Gesto de la modernidad científica, política o militar. (del fr., en es.: traducción A. C. R.)

Como De Certeau lo pone para varios ejemplos históricos, Canadá / Québec tiene como país de inmigración muchas ventajas en términos de la institucionalización estratégica de la inmigración: por ejemplo, sirve para establecer la independencia de la contingencia de las circuns-tancias de la inmigración y, como hemos visto anteriormente, permite que los (grupos) migrantes sean designados como objetos.

qu'on peut observer et mesurer, contrôler donc et « inclure » dans sa vision. (De Certeau 1990, 60)

que se puede observar y medir, así controlar y por tanto "incluir" en su visión. (del fr., en es.: traducción A. C. R.)

En sus efectos, las estrategias muestran claramente que están respalda-das por el poder social y, al mismo tiempo, representan una parte muy sustancial del ejercicio de poder de la institución (De Certeau 1990, 60), porque, sobre todo, es evidente que la institución que los utiliza es poderosa. Por lo tanto, el discurso de la política oficial de inmigración muestra claramente a los inmigrantes que cuando se embarcan en el camino de la migración, entran en el dominio del poder de la política oficial de inmigración y se subordinan a sus reglas y estructuras. Esta subordinación va acompañada de una aceptación necesaria de las atribuciones identitarias predeterminadas a las que se debe acoplar cada migrante.

Michel De Certeau asigna el término *stratégie* a los órdenes institucionales y las estructuras de poder, y lo opone a *tactique*. Esto se le asigna al individuo como un actor cotidiano y describe sus opciones de acción dentro del marco institucional. Las diversas tácticas de los actores cotidianos, aquí los propios inmigrantes blogueros, volveremos a tratarlas en detalle en los próximos capítulos. Ahora, sin embargo, prestamos atención a cómo las estrategias de inmigración institucionalizada en Quebec afectan a la determinación de la temporalidad de la migración.

La estructura de la política de inmigración en Canadá no solo incluye la definición de diferentes categorías (más o menos deseables) de tipos de inmigrantes y la definición para cada uno de estos tipos de propiedades deseables o indeseables, también establece una ruta de migración específica para cada uno de los diferentes grupos de inmigrantes, con un cronograma de tiempo fijo.

Para este propósito, la autoridad de inmigración elige el *parcours* como imagen de la inmigración. Este es un curso fijo, que tiene varias etapas bien definidas y establecidas en su transcurso:

> Immigrer et s'installer au Québec.
> Par où commencer mes démarches? Que faut-il savoir?
> Pour répondre à ces questions et bien d'autres, cette section du site
> vous propose <u>un parcours type</u>. Vous y trouverez <u>une vue d'ensemble
> des démarches à réaliser</u> (…)
> (http://www.immigration-quebec.gouv.qc.ca/fr/immigrer-installer/index.html)

¿Cuáles son los primeros pasos que debo tomar? ¿Qué necesito saber?

Para responder a estas preguntas y muchas otras, esta sección del sitio web recomienda una ruta típica. Encontrará una descripción general de los procedimientos a seguir: (...) (del fr., en es.: traducción A. C. R.)

A la ruta dada pertenece la *démarche* [11], la bajada de la ruta que debe ponerse en acción, en la versión en inglés significa *démarche procedure* [12] por el cual se enfatiza la calidad de la rutina predefinida del proceso. Aquí se nota que un agente, una persona que actúa durante el curso, está oculto gramaticalmente por la formulación impersonal. Vista desde la perspectiva de la política oficial de inmigración, la inmigración, es decir, un curso fijo con subobjetivos a completar, representa a aquellos que deben completar el curso no como individuos, sino como pertenecientes a una de las categorías de inmigrantes. Cada categoría de migrante recibe un *parcours* especial. Para el *travailleur permanent*, el Departamento de Inmigración planea inicialmente las siguientes ocho etapas:

1) Vous informer sur le Québec
2) Connaître les conditions du Programme régulier des travailleurs qualifiés
3) À faire avant de remplir votre demande officielle d'immigration
4) Présenter une demande de sélection permanente pour immigrer au Québec
5) Faire une demande de résidence permanente auprès du gouvernement du Canada
6) Vous préparer avant le départ pour le Québec
7) Vous présenter au bureau Accueil Québec à l'aéroport de Montréal
8) Poursuivre les démarches d'intégration au Québec
   (http://www.immigration-quebec.gouv.qc.ca/fr/immigrate-settle/permanent-workers/index.html)

---

[11] Del fr.: démarche, en es.: procedimiento. A partir de ahora, con el objetivo de dar más fluidez a la lectura se dejará la acepción francesa.

[12] Del fr.: démarche procedure, en es.: proceso de los pasos a seguir. A partir de ahora, con el objetivo de dar más fluidez a la lectura se dejará la acepción francesa.

    9) Para informarle sobre Quebec

    10) Conozca las condiciones del Programa de Trabajadores Cualificados Regulares

    11) Que hacer antes de completar tu solicitud oficial de inmigración

    12) Presentar una solicitud de selección permanente para inmigrar a Quebec

    13) Solicitud de residencia permanente con el Gobierno de Canadá

    14) Preparar antes de salir para Quebec

    15) Preséntate en la oficina central de la ciudad de Quebec en el aeropuerto de Montreal

    16) Continuar el proceso de integración en Quebec
    (del fr., en es.: traducción A. C. R.)

Cada etapa abrirá etapas adicionales que se completarán con las condiciones establecidas, como la solicitud de residencia permanente (paso 6 "Faire une demande de résidence permanente…"). Este paso solo puede tomarse si el inmigrante ha obtenido la certificación *Certificat de sélection du Québec* o CSQ, es decir, la aprobación del Departamento de Inmigración de Québec de la solicitud de inmigración. Todos los demás pasos involucran al Departamento de Inmigración de Canadá, por lo que se llevan a cabo a nivel nacional. Siguen como etapas obligatorias adicionales la visita al médico oficial y el envío del certificado médico, así como la confirmación del examen aprobado de este certificado por la autoridad de inmigración canadiense, y un control de seguridad (en sus detalles de implementación no se describe más) completado con éxito por esa autoridad. Aquí se menciona solo incidentalmente que los inmigrantes soportan los costos del médico y el control de seguridad. Como veremos a continuación (capítulos 2-4), esto dará lugar a más etapas obligatorias para los inmigrantes en el camino a la inmigración. Solo cuando el certificado y el control de seguridad se hayan completado con éxito, el candidato inmigrante recibirá una visa de residencia permanente. Finalmente, estas páginas también se refieren a los plazos de presentación específicos para los documentos y los tiempos de procesamiento por parte de la administración.

    La metáfora principal institucional del *parcours*, que inicialmente se muestra como una combinación de hitos individuales como puntos sólidos presentados en el espacio y las conexiones entre ellos como el camino a seguir, en realidad implica la idea de una dinámica temporal, un movimiento fuerte ya que requiere tiempo para avanzar de un hito a otro. Sin embargo, en el discurso oficial de inmigración se ponen más en perspectiva los hitos estáticos o las condiciones que deben cumplirse para alcanzar un hito (es decir, documentos presentes transferencias registradas, certificado médico evaluado positivamente, etc. Nuevamente hechos concretos en lugares específicos) que el *parcours*.

Como detrás de cada etapa un enlace continúa con escenarios de proceso más detallados y subetapas adicionales, la imagen, tan clara al principio, se distorsiona gradualmente desde el avance a través de unas pocas etapas hasta un único objetivo claro, y se separa en una compleja estructura jerárquica.

Así, el concepto de las actividades presentadas en el discurso oficial se ajusta más al ejemplo del mapa utilizado por De Certeau como ejemplo del principio espacializado del discurso del poder, que representa el principio estructural "panóptico" de los espacios, donde las distancias entre los puntos se desvanecen.

Esto también se aplica a las estructuras temporales del *parcours* de inmigración oficial. La determinación de Certeau de las estrategias institucionales como acciones que crean estructuras de poder discursivo y las establecen, institucionalizándolas.

La definición de De Certeau de estrategias institucionales como acciones que crean y establecen estructuras de poder discursivas, y las localiza institucionalmente, también se aplica a las estructuras temporales de la práctica oficial de migración.

Al igual que la definición institucional de *parcours d'immigration* [13] asigna a cada etapa y sus subetapas su lugar inamovible en el sistema del proceso de inmigración, el movimiento individual de los migrantes se determina dentro de su *parcours* a esta única definición y se le asigna dentro del sistema solo un objetivo fijo:

---

[13]   Del fr.: parcours d'immigration, en es.: recorrido o curso de inmigración. A partir de ahora, con el objetivo de dar más fluidez a la lectura se dejará la acepción francesa.

> Les stratégies sont donc des actions qui, grâce au postulat d'un lieu de
> pouvoir (la propriété d'un propre), élaborent des lieux théoriques (sys-
> tèmes et discours totalisants) capables d'articuler un ensemble de lieux
> physiques où les forces sont réparties. (…). Elles privilégient donc les
> rapports des lieux. Du moins s'efforcent-elles d'y ramener les relations
> temporelles par l'attribution analytique d'une place propre à chaque élé-
> ment particulier et par l'organisation combinatoire des mouvements
> spécifiques à des unités ou à des ensembles d'unités. (de Certeau 1990,
> 62s.)

> Las estrategias son, por lo tanto, acciones que, gracias al postulado de
> un lugar de poder (la propiedad de un lugar propio), elaboran lugares
> teóricos (sistemas y discursos totalizadores) capaces de articular un
> conjunto de lugares físicos donde se distribuyen las fuerzas. (...). De
> esta forma privilegian las relaciones de lugares. Al menos se esfuerzan
> por reducir las relaciones temporales mediante la atribución analítica de
> un lugar propio para cada elemento particular, y la organización com-
> binatoria de movimientos específicos de unidades o conjuntos de uni-
> dades. (del fr., en es.: traducción A. C. R.)

Las ventajas estratégicas que tiene este procedimiento de delineamiento
y definición de etapas, procedimientos y condiciones de cumplimiento
para las autoridades de inmigración, son obvias. Ellas permiten la gestión de los flujos migratorios, su cuantificación y cuotas, y, en particular, el dominio de las estructuras temporales, e. i. el control sobre cómo
se pueden gestionar los flujos para que precisamente el número deseado
de migrantes pueda completar con éxito su proceso de migración en un
momento dado. Para nuestras reflexiones sobre las estructuras de temporalidad y su significado para los inmigrantes que escriben en el blog,
estos pasos predefinidos son de enorme importancia porque el tipo de
parcours con sus etapas individuales representa la estructura del marco
de su proceso de migración personal.

En los blogs escritos en español, el parcours de inmigración generalmente se conoce con el nombre de *proceso*, e. g. "nuestro proceso de
inmigración", mientras que en los blogs en francés aparece *parcours*, y
también *projet* (en es.: proyecto). Mucho más importante, sin embargo,
es la forma en que se hace referencia a las estructuras temporales dadas,
las etapas y el transcurso estipulado definidos en los blogs.

Al observar las estructuras de tiempo que son visibles en los blogs
de migración, llama la atención a primera vista que estén estrechamente

alineadas con los requisitos correspondientes de las autoridades. Aunque la mayoría de los blogs latinoamericanos -a diferencia de los blogs francófonos, que generalmente toman la imagen de los *parcours* literalmente- no toman la imagen del recorrido (*recorrido* o *curso* raramente aparecen en nuestro corpus), toman la idea de un proceso y, sobre todo, son las etapas predeterminadas las que también estructuran la mayoría de los blogs explícita o implícitamente.

Esto es particularmente evidente en las tácticas de los inmigrantes blogueros que, después de completar con éxito el parcours, tabulan las etapas individuales en retrospectiva con las fechas concretas de su llegada.

Se puede encontrar en el blog 10, e. g. cuando la embajada anuncia que ha enviado la visa. El autor toma este último momento de espera oficial como una oportunidad para recapitular todas las etapas en forma tabular y en la última columna incluso enumera los días que se suman (blog 10, 01.02.2005):

Para los ansiosos como yo que les gusta saber **los tiempo de los demás**…

Resumen de Tiempos	Fecha	Días	Días Acumulados
Presentar DPI	25/09/2003		
Recepción DCS	09/12/2003	75	75
Presentación DCS en Qbc	06/02/2004	59	134
Recepción Acuse recibo	25/02/2004	19	153
Notificación Entrevista	21/04/2004	56	209
Entrevista	05/05/2004	14	223
Presentación Embajada	12/08/2004	99	322
Comienzo Proceso Solicitud en Embajada	01/09/2004	20	342

Estatus de Expe-diente en Internet	07/09/2004	6	348
Sobre con Expedi-entes Médicos	24/11/2004	78	426
Laboratorio y Placas	27/11/2004	3	429
Exámenes Dr. [nombre]	01/12/2004	4	433
Pago Derecho de Admisión	06/12/2004	5	438
Llegada Med. Checks a T&T	06/12/2004	0	438
Cambio de "In Process" a "Dec. Made"	31/01/2005	56	494
Llamado por Visas	01/02/2005	1	**495**

En blog 8, la tabla se crea en el momento en que llegan las visas, la última entrada antes de partir hacia la ciudad de Quebec. La lista de etapas individuales con datos ya está categorizada como una entrada de blog de rutina: "resumen obligado" (blog 8, 15.03.2006):

Así quedaron las fechas
Bueno, este era un resumen obligado

Junio 18 2004 Envío de solicitud de entrevista junto con el primer pago

Junio 30 2004 Carta indicando la recepción de la solicitud

Octubre 15 2004 Carta indicando que estamos en lista de espera para la entrevista, la carta indicaba que la entrevista era presumiblemente en mayo

Diciembre 10 2004 Carta convocando a la entrevista para el 9 de marzo

Marzo 09 2005 Entrevista de selección

Abril 19 2005 Entrega de solicitud de visa con un segundo pago

Agosto 11 2005 Recibo de orden de exámenes médicos

Septiembre 03 2005 Realización de exámenes médicos

Septiembre 28 2005 Carta indicando que se debe entregar el pasaporte para imprimirle la visa

Octubre 12 2005 Pago de la visa y entrega de pasaporte

Febrero 14 2006 Recepción de los pasaportes con la visa y confirmación de residencia permanente

Fecha proyectada de viaje 17 de junio 2006

Bajo el título "Timing: A Bitter Sweet Symphony" (del en., en es.: El tiempo: una sinfonía agridulce), la autora del blog 13 (febrero de 2009) publica un resumen listado de la puesta en marcha de su proceso de inmigración hasta el momento, en la que las etapas oficialmente estipuladas van acompañadas de las fechas exactas de los objetivos parciales logrados. Ella y su familia están esperando el aviso para el chequeo médico en este momento. A modo de introducción, explica el propósito de la lista e invita a sus lectores a seguir su ejemplo para facilitar la previsibilidad de los ansiados tiempos de espera:

Aquí resumimos nuestros tiempos en el proceso. Me encantaría que en los comentarios pongan sus tiempos, si están en proceso, para tener todos una referencia, es muy útil para los que estamos esperando la visa y para los que hasta ahora comienzan hagan sus cálculos:

Envió primer dossier México: 7 febrero 2007

Confirmación de apertura: 13 marzo 2007

Notificación de entrevista: 26 julio 2007

Entrevista: 18 septiembre 2007

Envió segundo dossier Bogotá: 12 octubre 2007

Confirmación de apertura: 3 diciembre 2007

Recibo ordenes Medicas: 25 febrero 2009

Presentación pruebas médicas: 02 marzo 2009

Entrega de pasaportes a la embajada: 02 marzo 2009

Envío resultados a Trinidad y Tobago: 03 marzo 2009

Llegada de las visas: 15 abril 2009

La duración de nuestro proceso tomó exactamente 16 meses desde la apertura del dossier hasta la llegada de las visas.
Y como dicen: Bon Courage! (para ustedes y nosotros)

Comparado con la mayoría de los otros inmigrantes de América Latina, este transcurso de tiempo es muy rápido. Esta puede ser la razón por la cual en los al menos 12 comentarios que recibe la bloguera, muy pocos responden a su solicitud de utilizar el mismo sistema para especificar sus propias fechas de vencimiento.

El primer comentarista del 13 de febrero de 2009, a las 16:40, enumera menos etapas, se encuentra actualmente entre la 4ª y 5ª etapa oficial y está esperando las ordenes médicas:

Hola B.

Te dejo mis tiempos:

Envío a México junio 2007

Entrevista diciembre 5 2007

Radicación Embajada diciembre 6 2007

Confirmación febrero 25 2008

ánimo.. no podemos hacer más ;)

La impotencia, a la que el actor individual se enfrenta dentro del marco temporal de migración, se vuelve clara con el último apéndice. El proceso obviamente se estanca aquí por casi un año completo.

Finalmente, un tercer comentarista, que aún no ha completado su proceso de migración, pero ya ha dejado atrás las ordenes médicas, señala que los intervalos entre las etapas con él son similares a los del blog. También se basa en el modelo de las etapas oficiales, e incluso anima al primer comentarista escribiendo que ahora él también recibirá muy pronto las órdenes medicas:

Hola B.

Esto es bastante interesante.....mis tiempos son muy similares a los tuyos

Envío primer dossier México: 28 Enero 2007

Apertura de dossier: 13 marzo 2007

Confirmación de apertura: 13 abril 2007

Notificación de entrevista: 27 julio 2007

Entrevista: 18 septiembre 2007

Envío segundo dossier Bogotá: 20 noviembre 2007

Confirmación de apertura: 23 enero 2008

Envío de ordenes médicas: 20 Febrero 2009

Un abrazo y valor, tus ordenes ya deben estar por llegar.

Enumerar el historial del curso con datos concretos representa una práctica compartida entre los inmigrantes blogueros. La terminología de De Certeau es una "táctica" destinada a aumentar la previsibilidad del proceso de migración, y con ello reducir la contingencia de su curso, lo que se considera particularmente estresante debido a los infinitos tiempos de espera. Sin embargo, la implementación de esta táctica hace que sea más claro hasta qué punto las actividades de los blogueros están dentro de las estructuras y procedimientos establecidos por las autoridades. Su espacio está limitado por las etapas, cada logro de una etapa aparece solo como un breve momento de éxito, un avance en el curso, posiblemente con la posibilidad de aportar iniciativas propias. La posibilidad de tomar medidas, de avanzar o acelerar el proceso, parece más bien accidental, como una oportunidad particular que surge, como una táctica que se "beneficia" a corto plazo de las coincidencias del proceso individual e inmediatamente después en el futuro. Un marco estrictamente predeterminado:

> Au contraire, du fait de son non-lieu, la tactique dépend du temps, vigilante à y « saisir au vol »des possibilités de profit. Ce qu'elle gagne, elle ne le garde pas. Il lui faut constamment jouer avec les évènements pour en faire des « occasions ». Sans cesse le faible doit tirer parti de forces qui lui sont étrangères. (De Certeau 1990, XLVI)

> Por el contrario, debido a su no lugar, las tácticas dependen del tiempo, vigilantes para "apoderarse de las oportunidades de ganancia". Lo que ella gana, no lo conserva. Necesita jugar constantemente con los eventos para hacer de ellos "oportunidades". Los débiles siempre deben aprovechar fuerzas que le son ajenas. (del fr., en es.: traducción A. C. R.)

Quizás lo más impresionante es que la limitación extrema de las libertades para los procesos individuales a través del discurso oficial de la inmigración está vinculada al concepto de identidad. En el contexto del ideal oficialmente propagado de integración completa en la sociedad objetivo como un punto final definido del proceso de migración, esto es de particular importancia.

En el discurso oficial de la migración de Québec, la identidad se postula como un concepto estático, claramente definido y precisamente determinable en sus propiedades, inmutable y, por lo tanto, aprendible en su totalidad. Así se llama un capítulo en el folleto informativo "Guide pratique de l'immigration der Stadt Québec", en el que se presentan las características y el comportamiento típicos de los quebequenses: "Apprendre les valeurs et l'identité québécoises" (www.akova.ca/wp-content/themes/.../guide_immigration.pdf).

En la página de bienvenida de la Autoridad, encontrará enseguida el título "apprendre Le Québec" (http://www.immigration-quebec.gouv.qc.ca/fr/accueil.html), detrás del cual se encuentra un completo programa de alojamiento.

> Le guide Apprendre le Québec peut vous soutenir dans la réalisation de votre projet. Il comporte deux sections. La première, Ce que vous devez

savoir, regroupe des informations pratiques sur un ensemble de sujets que vous avez intérêt à connaître avant votre départ.

La seconde section, Ce que vous devez faire, est un plan d'action personnalisé qui explique les démarches à entreprendre, tant dans votre pays d'origine qu'à votre arrivée au Québec.

La guía Aprendiendo Quebec puede ayudarlo en la realización de su proyecto. Tiene dos secciones. La primera, Lo que necesita saber, incluye información práctica sobre un conjunto de temas que debe conocer antes de irse.

La segunda sección, Lo que debe hacer, es un plan de acción personalizado que explica los pasos a seguir, tanto en su país de origen como cuando llega a Quebec. (del fr., en es.: traducción A. C. R.)

Aquí, también, el concepto del curso surge con sus etapas fijas, pero éstas se definen más bien como tareas administrativas. Una de estas tareas es "aprender" los valores de identidad de Quebec.

El sitio web oficial del Departamento de Inmigración de Quebec declara explícitamente estas normas y valores que deben aprenderse, que son "compartidos por todos los quebequenses":

Parler français, une nécessité

Une société libre et démocratique

Une société riche de sa diversité)

Une société reposant sur la primauté du droit

Les pouvoirs politiques et religieux sont séparés

Les femmes et les hommes ont les mêmes droits

L'exercice des droits et libertés de la personne se fait dans le respect de ceux d'autrui et du bien-être général (en es.: El ejercicio de los derechos y libertades de la persona se realiza en el respeto a los demás y el bienestar general.)

http://www.immigration-quebec.gouv.qc.ca/fr/avantages/valeurs-communes/index.html

Hablar francés, una necesidad.

Una sociedad libre y democrática.

Una sociedad rica en diversidad.

Una sociedad basada en el Estado de Derecho.

Los poderes políticos y religiosos están separados.

Mujeres y hombres tienen los mismos derechos.

El ejercicio de los derechos y libertades de la persona se realiza en el respeto a los demás y el bienestar general.

(del fr., en es.: traducción A. C. R.)

Finalmente, un folleto titulado "Connaître, respecter, partager: les valeurs communes de la société Québécoise" (en es. : Conocer, respetar, compartir: los valores comunes de la sociedad quebequense.) estará disponible para descargar en siete idiomas diferentes que expliquen estos valores.

Tal compromiso institucional con la identidad, como veremos en los siguientes capítulos, es diametralmente opuesto a las experiencias de los actores inmigrantes. En sus negociaciones, la capacidad procesal de la inmigración, la superación de obstáculos, la gestión de las etapas, las emociones positivas y negativas compartidas en relación con las etapas individuales, las preguntas y respuestas, las objeciones y su rechazo a los pasos completados o a las posiciones que deben tomarse, juegan un papel importante. Aquí, se hace visible un concepto de identidad del inmigrante como una variable emergente y dinámica, basada en experiencias de lenguaje y estados emocionales mutuamente compartidos, que funda preocupaciones y temores compartidos, y a menudo resulta ser inestable y contradictorio.

Esto confirma la clara distinción, enfatizada por De Certeau, entre las acciones de las instituciones y los actores cotidianos, entre las estrategias de poder y las tácticas de uso.

Antes de pasar en los siguientes capítulos a las tácticas de los migrantes sobre cómo utilizar sus estructuras del discurso migratorio, concluyamos señalando que la relación entre el discurso oficial sobre migración, por un lado, y las disposiciones de los actores cotidianos, por otro lado, es más compleja que el claro contraste entre la institución y el actor cotidiano en De Certeau, en este caso el contraste entre la política oficial de inmigración, por un lado, y las tácticas de los migrantes como protagonistas, por el otro: Porque si los inmigrantes siempre se orientan en sus categorizaciones y perspectivas a las especificaciones de la autoridad de inmigración, de esta manera, las ofertas de comunicación de las propias instituciones de inmigración evidentemente recogen categorías y orientaciones de los inmigrantes cuando intentan comunicarse a través del proceso de migración:

> Vous désirez immigrer au Québec et y travailler? Un parcours type vous est proposé. **Il est basé sur l'expérience vécue par de nombreux immigrants.**   (http://www.immigration-quebec.gouv.qc.ca/fr/immigrer-installer/travailleurs-permanents/index.html, énfasis mío).

> ¿Quieres emigrar a Quebec y trabajar allí? Se te propone un curso típico. Se basa en la experiencia de muchos inmigrantes.) (del fr., en es.: traducción A. C. R.)

El vínculo directo entre los migrantes blogueros y las reglas de inmigración institucionalizadas se evidencia en el hecho de que uno de los primeros blogueros de migración latinoamericanos comenzó a utilizar profesionalmente sus experiencias y excelentes contactos en la escena de los blogueros de habla hispana después de su exitosa inmigración, y se ha convertido en un trabajador independiente como consultor en línea sobre temas de migración de América Latina a Canadá: Bajo el título "Ziegler Immigration Coaching", ofrece un servicio de inmigración integral a Quebec en su sitio web, junto con un blog sobre temas de inmigración actuales (el blog de migración integral original se ha eliminado de la red).

Dentro de la comunidad de blogueros migrantes, Guillermo Ziegler desempeña un papel muy especial como representante prototípico de su comunidad. Porque casi todos los demás blogueros hacen referencia explícita a su blog o sitio web y vinculan su presencia en Internet en sus blogs. A la inversa, muchos blogs de migrantes latinoamericanos a Canadá reciben como primer comentario a su primer post una bienvenida de Guillermo, en la que actúa como portavoz de los blogs de migrantes:

Blog 14 (18.6.2007, comentario 1):

Guillermo dijo…

Bienvenido al mundo del blogging, y al mundo de los inmigrantes a Canadá.

Te saludan "[nombre propio]...", desde Waterloo, ON

Blog 8 (1.10.2005, comentario 1):

Guillermo dijo...

Bueno, que alegría ver que la gente tiene todo tan claro antes de llegar! Felicitaciones y ojalá

las cosas se te den así!

Blog 3 (11.6.2009, comentario 1):

Guillermo dijo…

Hola [nombre propio], bienvenidos al fascinante mundo de los blogs. Saludos desde Ottawa…

De estas observaciones se desprende que los migrantes blogueros, como comunidad, comparten orientaciones y forman construcciones de significado que les permiten desarrollar sus propios conceptos de identidad dentro de las estructuras de poder dadas de las instituciones de inmigración. Estos serán examinados con más detalle en el siguiente capítulo.

3. La apropiación del proceso migratorio: construcciones del significado de temporalidad por migrantes

Al tratar con las estructuras inicialmente inmutables del proceso de migración, los migrantes blogueros, en sus narraciones y discusiones, adaptan paso a paso cada etapa de la inmigración, interpretándola y, finalmente, dándole sentido.

Ellos se comportan, según De Certeau, como consumidores de órdenes y sistemas predefinidos, que utilizan de forma subversiva para ellos y para sus propias necesidades, redefiniendo y reinterpretando.

Lo que De Certeau describe con el ejemplo de los indios colonizados en América Latina, es, por lo tanto, aplicable a los inmigrantes latinoamericanos a Quebec, que tratan en sus blogs las restricciones institucionales de la inmigración:

> Ainsi la réussite spectaculaire de la colonisation espagnole auprès des ethnies indiennes a été détournée par l'usage qui en était fait : même soumis, voire consentants, souvent les Indiens utilisaient les lois, les pratiques ou les représentations qui leur étaient imposés par la force ou par la séduction á d'autres fins que celles des conquérants ; ils en faisaient autre chose ; ils les subvertissaient du dedans – non pas en les repoussant ou en les transformant (cela arrivait aussi), mais par cent manières de les employer au service de règles, de coutumes ou de convictions étrangères á la colonisation qu'ils ne pouvaient fuir. Ils métaphorisaient l'ordre dominant. (De Certeau 1990, 54)

> De este modo, el espectacular éxito de la colonización española con los grupos étnicos indios se ha visto desviado por el uso que se hacía de ella: sometidos, incluso autorizados, a menudo los indios utilizaban las leyes, las prácticas o las representaciones que les fueron impuestas por la fuerza o por seducción, para fines distintos a los de los conquistadores; hacían otra cosa con ellas, las subvertían desde dentro – no al rechazarlas o transformarlas (esto también sucedía), sino al usarlas de muchas maneras diferentes al servicio de reglas, costumbres o creencias ajenas a la colonización de la que no pudieron escapar. Metaforizaban el orden dominante. (del fr., en es.: traducción A. C. R.)

De Certeau está menos interesado en las posibilidades subversivas de poder de estas prácticas, que son extremadamente pequeñas en el caso de nuestros migrantes: básicamente desaparecen por completo, porque las únicas formas realmente concebibles de rebelarse contra las leyes de inmigración serían darse por vencido en del proyecto de migración o la decisión de entrada ilegal. Ambos son temas que ni siquiera se discuten en nuestros blogs.

Más bien, De Certeau está interesado en el contenido político-identitario de las tácticas de los actores, en su poder creativo para hacer algo de lo inmutable e insertarlo en la propia identidad.

En contraste con la estrategia, que se basa en un cálculo claramente de poder político, las tácticas son, por lo tanto, un cálculo que no puede contar con algo propio, no con su propio espacio y no con su propia estructura de tiempo. Por lo tanto, no es capaz de distinguir "lo otro como una totalidad visible". Por el contrario:

La tactique n'a pour lieu que celui de l'autre. Aussi doit-elle jouer avec le terrain qui lui est imposé tel que l'organise la loi d'une force étrangère. (De Certeau 1990 , 60)

La táctica sólo tiene el lugar del otro. Por lo tanto, debe actuar con el terreno que se le impone según lo organizado por una ley extraña. (del fr., en es.: traducción A. C. R.)

Si bien la estrategia 'expansiva' está orientada al control cada vez mayor del espacio y el tiempo, las tácticas siempre deben conformarse con un orden espacial y temporal ya dado y explotar sus respectivas brechas, apertura e inconsistencias dentro de este marco dado.

Sin embargo, tan pronto como De Certeau aleja su atención de las estructuras de poder de la política de identidad oficial, se hace evidente cuán creativos e ingeniosos son los actores cotidianos, en nuestro caso, los migrantes utilizan las estructuras dadas, las reinterpretan y las aprovechan. Es importante tener en cuenta que este uso de las estructuras dadas, por las tácticas de los usuarios, no cambia las estructuras iniciales en sí mismas y que aquellos que tienen poder sobre las estructuras no pueden controlar su uso y apropiación por parte de los usuarios.

Sin embargo, esta apropiación de órdenes dadas y su reinterpretación en los "actos tácticos" de las entradas del blog constituye la base para construir una nueva conciencia grupal, la producción de un "nosotros" migrante. La contraparte a la que siempre y principalmente está dirigido un blog, que aparece en su virtualidad solo esporádicamente con sus propias contribuciones en los comentarios como socio interactivo, desempeña un papel que no debe ser subestimado: es la razón formal para la verbalización de experiencias, pensamientos y sentimientos, la división, que al mismo tiempo permite la reflexión y la abstracción a través del poder epistémico de la escritura (Raible 1999, 2004).

¿Cómo se ve esta apropiación táctica de estructuras dadas ahora en el caso de las estructuras temporales de migración en nuestro corpus?

En nuestro primer ejemplo, se trata de poner en palabras y comunicar el tiempo de espera, inicialmente considerado intolerable, entre dos etapas predefinidas de la ruta de migración, luego reflexionar sobre ello y finalmente, reinterpretar de forma creativa el tiempo de espera supuestamente "sin sentido" en un tiempo de reflexión sobre todo el proceso de migración. El ejemplo concluye con la constatación de que el resultado tangible y nuevamente comunicado del proceso de reflexión es que la migración no es solo un episodio entre otros en la vida, sino un proyecto que abarca la vida. Veamos este proceso, que es un excelente ejemplo de las "tácticas" de los consumidores cotidianos descritas anteriormente, ahora con más detalle[14]:

La primera publicación en el blog número 12 está titulada "Comienzo del cambio" y, por lo tanto, ya contiene las primeras indicaciones de los conceptos de temporalidad: por un lado, la palabra comienzo designa el punto de partida de un proceso, y por otro lado, el proceso en sí se pone en perspectiva en términos de su capacidad para efectuar un cambio.

Las siguientes líneas proporcionan el contexto: el punto de inicio del blog también determina el inicio de un proceso creativo obviamente

---

[14]   Aunque todos los blogs de nuestro corpus estaban disponibles gratuitamente para el público y en parte todavía lo están, se han tomado para proteger los derechos de personalidad, siempre que ha sido posible, tanto los nombres personales como los nombres de lugares y todas las demás referencias a la identidad de los blogueros citados, para anonimizarlos. Los blogs han sido enumerados para poder citarlos sin atacar la privacidad de los blogueros.

difícil, cuya función es comentar la propia experiencia durante el proceso de inmigración a Quebec (Blog 12, April 7, 2007):

> Después de muchos intentos de crear un blog, finalmente me decidí a crear y comentar con experiencia en el proceso de inmigración a Canadá-Quebec.

A continuación se presenta un primer momento de reflexión sobre la temporalidad en el proceso de migración, que se refleja en el momento en que realmente comienza su blog y determina que ese momento es el único correcto:

> Hubiese querido comenzarlo antes, pero bueno todo tiene su tiempo y es este instante el momento preciso para hacerlo. (ibid.)

Ella justifica esta disposición con una expresión preformada sobre el tema del tiempo: "todo tiene su tiempo". Todas las declaraciones al comienzo de este blog se enfatizan desde la perspectiva personal del autor e. g. "yo he decidido a crearlo", "mi experiencia" o "hubiese querido". Dado que la autenticidad y la apertura personal están entre las características definitorias de los blogs privados, esto no es sorprendente:

> Allen weblogbezogenen Regeln ist eines gemeinsam: Ob es um die Auswahl von anderen Seiten, um Kommentare zu aktuellen Themen oder um die Darstellung von Alltagserlebnissen und Gefühlen geht, wird von einem Weblog-Autor erwartet, authentisch und mit „seiner eigenen Stimme" zu kommunizieren. Diese Authentizitäts-Erwartung führt dazu, dass sich in Weblogs Online-Identitäten manifestieren, die – wie bei persönlichen Homepages im allgemeinen – relativ eng mit den realweltlichen Identitäten der Autoren verbunden sind. (Schmidt 2005, 25)

> Todas las reglas relacionadas con los blogs web tienen un aspecto en común: No tiene relevancia si se trata de la selección de otras páginas web, de comentarios relacionados con temas actuales o de la descripción de acontecimientos cotidianos, siempre se espera por parte del autor de un blog web que se comunique de manera auténtica y "con su propia voz". Dicha expectativa a la autenticidad hace que dentro de los blogs web se manifiesten identidades, las cuales – como lo es la norma en los sitios web personales – suelen tener una relación relativamente

estrecha con las identidades reales de los autores. (del alem., en es.: traducción A. C. R.)

Lo que es interesante es que en el momento en que la temporalidad se convierte en un tema, se hace un cambio notorio a lo impersonal: primero el lenguaje general, luego una formulación impersonal en la que el tiempo mismo se convierte en el sujeto: "(...) es este instante el momento preciso para hacerlo." Esta primera publicación del blog trata de manera metadiscursiva el inicio del proceso de escritura, que al mismo tiempo representa un punto específico en el proceso de migración: el momento elegido es el de esperar a las órdenes médicas. Entonces, para hablar con la lógica de la cronología oficial, se trata de un tiempo entre las etapas 4 y 5, más precisamente el período de espera entre dos eventos claramente predefinidos, a saber, la recepción del Certificado de selección de Quebec (CSQ, subetapa oficial 4) y la solicitud de examen médico, que es una de las condiciones para solicitar un permiso de residencia permanente en Canadá (subetapa 5) (Blog 12, April 7, 2007):

> En estos momentos estoy a la espera de las órdenes médicas, ha sido una espera interminable y nada que sé alguna noticia de la embajada.

Entonces, esto es de lo que se trata el proceso de escritura actual del blog y la sincronización del proceso de migración descrito en el blog como uno y el mismo momento. Al mismo tiempo, en lo que sigue, el contenido es precisamente un tiempo ilimitado, interminable, un período de espera y, por lo tanto, un aspecto del tiempo que pertenece a los dominios temporales de la migración temporalmente inmutables, que no pueden ser influenciados por él.

Aquí, la bloguera pone en escena su propia escritura como un acto creativo que determina el significado del momento, los momentos entre dos etapas de la migración: el interminable momento de espera para las órdenes médicas.

Ella no puede cambiar la duración de la espera por sí misma, pero puede darle sentido al tiempo al elegir un tiempo exacto dentro de esa espera para comenzar a trabajar en su blog. Y así, en su primera entrada, comienza a reflexionar sobre su enfoque personal para el tiempo de espera persistente (Blog 12, April 7, 2007, énfasis mío):

> Por otro lado, lo que puedo compartir en esta nota inicial es que **he comprendido que todo tiene su razón de ser y este tiempo de espera me ha permitido cerrar varias cosas que tenía que dejar bien antes de irme del país, así como aprovechar el tiempo** de estudiar francés, ahorrar y de empaparme un poco más de cómo es la vida en Montreal. Una de las cosas que he hecho es oír la radio quebécoise y leer la prensa tanto de Quebec como la de toda Canadá; **es como hacerme la idea que vivo allá y estoy al tanto de lo que sucede.**

La bloguera se apropia del tiempo de espera asignándole un significado, es decir, la oportunidad de prepararse para el tiempo posterior a la inmigración, de disponer de tiempo en otro lugar y de armarse para cualquier cosa que pueda surgir en el futuro. La apropiación del tiempo vuelve a establecerse con una expresión preformada: "(...) todo tiene su razón de ser." A este conocimiento se le asigna previamente la relevancia de un mensaje encomiable: "lo que puedo compartir", que justifica su ubicación como la primera entrada de blog.

Pero el proceso de reflexión sobre el significado del tiempo de espera va incluso más allá. La interpretación se lleva al examen moral con la última frase de la primera entrada del blog, que ahora no solo le concierne a su autora, sino a todos los migrantes:

> Pienso que en este tiempo de espera se pone a prueba realmente **nuestra** fuerza de voluntad y determinación de seguir adelante con este proyecto de vida. (ibid.)

Finalmente, el proceso de creación de sentido desencadenado por el período de espera culmina en el hecho de que el proceso de migración es un proyecto de vida.

El principio del blog 1 proporciona un buen ejemplo de cómo una estructura de tiempo dada, que parece estar completamente a merced del bloguero al principio, se redefine a través del poder epistémico de la escritura y el intercambio interactivo: la inútil espera en la que no parece ser posible seguir adelante con el proyecto de migración se reinterpreta y se le da un significado. Como una prueba moral de perseverancia, el período de espera se convierte, por así decirlo, en una nueva etapa en el proceso de migración que no está definida institucionalmente pero, lo que es más importante, contribuye a la consolidación de una identidad migrante común, en cuyo centro se encuentra la determinación del proceso de migración como un proyecto de vida.

La bloguera M1 reinterpreta el tiempo de espera entre dos etapas oficiales del proceso de migración y lo hace empleando las brechas y la apertura del marco institucional como tácticas para crear nuevos contextos que contribuyen a la construcción de una identidad migrante común.

Tales procesos de reflexión se pueden encontrar en casi todos los blogs de migración y siempre hay un aspecto de la percepción del tiempo y la concepción del mismo que parece ser específico a la situación de los migrantes, y que desempeña un papel importante.

Al igual que el espacio intermedio ("In-between", cf. Bhabha 2000) de la migración transnacional, el propio momento de la migración aparece como un tiempo intermedio, un no todavía, un momento en el que el presente tiene que ver con objetivos futuros. La vista está orientada hacia atrás y se limita a las etapas completadas dentro de la ruta de migración, de modo que la relación con el entorno real y su tiempo transcurran cada vez más borrosas. El bloguero de Blog 4 (14.12.2005) escribió en su post titulado "Tiempo":

> Hace un mes que no escribo, y hace dos meses que entregamos los pasaportes para estampar la visa, realmente <u>no ha sucedido nada relacionado con el proceso en sí.</u> (...). Este tiempo ha sido bueno porque hemos podido reflexionar sobre las motivaciones que tenemos, por ejemplo, hace unas semanas me ofrecieron una mejor posición en la empresa, una posición que requiere un entrenamiento de al menos 8 meses antes de llegar a ser productivo, me ofrecieron un aumento, un mejor contrato y capacitación en herramientas sofisticadas, <u>la verdad es tentador, pero ya sabemos lo que queremos.</u>

Los eventos cotidianos se evalúan en términos de su relación con la migración. En vista de esto, el tiempo que acaba de pasar es un tiempo de espera que se utiliza para reflejar la propia actitud hacia la migración. Por lo tanto, la oferta atractiva de un trabajo mejor pagado en el lugar de trabajo actual se conceptualiza como una tentación que podría desviar a los migrantes de la ruta real y, por lo tanto, no representa una opción. La oferta de trabajo es citada por el bloguero como un ejemplo para demostrar que lo que tiene que ver con el logro de la meta de migración, es lo único que aquí y ahora tiene relevancia.

Siguiendo la lógica de esta orientación temporal, que está enteramente dedicada a la perspectiva de la migración, todo el blog 4 está bajo el concepto de viaje, que divide la propia percepción del tiempo en un antes, durante y después (blog 4, 29.7.2005, énfasis mío):

> Todas nuestras experiencias antes, durante y después de nuestro viaje a Quebec_(Canadá). Este blog pretende servir como bitácora o diario de nuestro proceso de inmigración a Quebec.

Un comentario publicado en el blog 4 un día después, deja ver que esta definición del entretiempo como un tiempo de migración en el que toda experiencia que se comunica, se evalúa con respecto al proceso de migración y sus objetivos, no es solo la definición del tiempo para un bloguero en particular, sino que es otro elemento de identidad grupal de la comunidad comunicativa de migrantes. Un migrante de Venezuela clasifica el proceso de migración como una tarea laboriosa, en la que la participación de la lectura en el blog de migración sirve de ayuda y consuelo (blog 4, 29.4.2005, comentario):

> (...) soy de Venezuela y estoy junto con mi esposo **en la ardua tarea de hacer el proceso** para ver si nos dan la visa...y leerle ha sido un respiro, un aliento y a su vez un consuelo...éxitos y suerte estimado Sr.

El período intermedio de la migración se presenta aquí como un tiempo compartido y sufrido en conjunto, donde la actividad de los blogueros es un servicio para toda la *Community of practice*.

En algunos de nuestros blogs, escritos desde la perspectiva de la inmigración que ya ha tenido lugar, el tiempo de "después", es decir, después de llegar al país de destino, se presenta como un *parcours* renovado con nuevas etapas. El objetivo ya no es la inmigración, sino la integración. Aquí nuevamente, como vimos en el capítulo anterior, hay requisitos de la autoridad de inmigración que deben completarse: en fr.: *démarches* y *valeurs*.

Como muestra el siguiente ejemplo, los migrantes también crean una red de categorías para la integración en el país de destino. A diferencia de lo hecho con la inmigración, los migrantes se basan ahora exclusivamente en sus propias experiencias. En un comentario de un post del blog número 7 (29.11.2006), en el que el autor del blog establece una tipología del inmigrante argentino en Quebec (el distingue entre 16 tipos diferentes de inmigrantes), otro inmigrante confirma la validez de esta tipología para todos los inmigrantes latinoamericanos:

> Muy bueno, además puedes fácilmente cambiar argentino por venezolano o mexicano y funciona casi idéntico. No tuve ningún problema para identificar personas concretas de mi entorno que encajan cabalmente con cada uno de los estereotipos y yo mismo me vi reflejado en varios de ellos.

Como muestra un abundante número de comentarios se trata de atribuciones identitarias colectivamente válidas de la comunidad de comunicación de los migrantes latinoamericanos de blogs. Inmediatamente después de la publicación del comentarista citada anteriormente, este agrega otro texto a la página de comentarios. Esto contiene, como lo dice el comentarista mismo, su intento de dividir el proceso de integración experimentado previamente en fases de tiempo, a través de las cuales pasan todos los inmigrantes nuevos. Estas fases de tiempo se contextualizan como estructuras de tiempo compartidas colectivamente en la comunidad migrante de comunicación (blog 7, 29.11.2005, comentario):

> Difícil resumir en unas cuantas líneas los 31 meses desde que llegamos definitivamente a Canadá. Lo intentaré. Hay tres etapas muy claras que le suceden a casi todos los inmigrantes: (...)

Las tres etapas que distingue el comentarista no se refieren a las *démarches* oficiales de la oficina de inmigración, sino a los sentimientos subjetivos de los recién emigrados. La formulación se hace con la generalización de la segunda pers. sing.: *tu* (Kluge 2012) (blog 7, 29.11.2005, comentario):

> La primera es de euforia cuando acabas de llegar y todo te parece hermoso, diferente (y mucho mejor que en el país de origen), interesante y crees que vas a encontrar fácilmente mil nuevas opciones positivas en tu futuro, es como si fuera una luna de miel con tu nuevo país (esa etapa

te dura de 1 a 6 meses). (...) La segunda es de depresión, desencanto y un gran, gran estrés, es cuando vez que no todo es tan magnifico (...). La tercera es cuando logras una cierta estabilidad laboral, emocional y social, cuando empiezas realmente a integrarte a través de tu empleo, de tus vecinos, de tus nuevos amigos, de los compañeros de tu hijo, de sus actividades escolares y deportivas, cuando manejas mejor los idiomas y las expresiones locales, cuando obtienes mejores empleos, etc.

Se puede ver en su adquisición por parte de otros blogueros que el comentarista, con el establecimiento de esta estructuración temporal del proceso de integración, en realidad construye / establece en etapas emocionales un orden que también es aceptado por otros migrantes: así, el blog número 4 cita el texto del comentarista y lo comenta bajo el título "Etapas por las que pasa un inmigrado" (blog 4, 15.1.2007):

Me parecieron muy buenas las etapas que describe [nombre propio] en otro blog, (...) sus comentarios que me parecen que son muy buenos y bastante parecidos a lo que nosotros pasamos y pensamos. [sigue el texto completo del comentario citado anteriormente en extractos]

El blog número 4 recibe 9 comentarios para esta entrada, en la que casi todos los comentaristas expresan su aprobación.

Curiosamente, el primer comentario proviene de Guillermo Ziegler (cf. capítulo 2), el portavoz de toda la comunidad (blog 4, 15.1.2007, comentarios 1 y 2):

Guillermo dijo: 100% de acuerdo. Y creo que todos pasamos por esas etapas idefectiblemente.

[nombre propio] dijo: Es muy bueno ese comment. Se encuentre trabajo rápido o no, todos pasan, problemas tenemos todos y los tiempos llegan.

Otro comentarista va más allá de la afirmación, enfatizando el papel de apoyo que tales reflexiones del proceso compartido juegan en todos y cada uno de los inmigrantes (blog 4, 15.1.2007, comentario 7, extracto):

Es muy agradable mirarse al espejo y reconocer en donde me encuentro situado como inmigrante. Sin duda sirve mucho hacer conciencia del proceso por el que uno pasa, pues esto facilita afrontar los obstáculos con mayor efectividad.

Estos ejemplos muestran las actividades de los migrantes blogueros como tácticas exitosas para procesar lingüísticamente sus experiencias personales y sus emociones, compartirlas con otros y así crear procesos de reflexión comunes que les ayuden a hacer frente a estas estructuras. Al mismo tiempo, las experiencias y reflexiones compartidas crean una identidad a modo de comunidad bloguera de migrantes latinoamericanos.

4. Narraciones del proceso migratorio

Una amplia tradición de investigación interdisciplinaria de sociólogos, psicólogos y lingüistas se ha dedicado a la investigación sobre la creación de identidad en la narración durante bastante tiempo (Quasthoff 2001, McAdams 2006, Lucius-Hoene / Deppermann 2002, 2004).

> It is widely accepted that narratives are a fundamental means through which people make sense of and share their take on experiences, no matter how big or small, how life-changing or insignificant. (Baynham / De Fina 2017, 31)

> Se acepta ampliamente que las narraciones son un medio fundamental a través del cual las personas dan sentido y comparten sus experiencias, sin importar cuán grandes o pequeñas, cuán cambiantes o insignificantes sean. (del en., en es.: traducción A. C. R.)

Esto se aplica sobre todo a las construcciones de identidad, en particular a "situaciones problemáticas" (véase Capítulo 1), como los procesos de migración.

Dentro de las tácticas relativas a la temporalidad de la migración, las narraciones tienen un significado especial, porque la temporalidad es un elemento central del desempeño reconstructivo de la narración:

> Narrative Interpretationen setzen [...] zeitliche Ausdehnung voraus und stellen sie zugleich her. Eine Erinnerung als Erinnerung zu verstehen (und sie gegenüber einem gegenwärtigen Sinneseindruck als vergangen zu unterscheiden, was etwa ein wichtiges Ziel in der Traumatherapie ist) basiert auf der Bewusstheit von der Vergangenheit als der Vergangenheit, was wiederum nur möglich ist, wenn auch eine Bewusstheit der Gegenwart als Gegenwart vorhanden ist. (Brockmeier 2015, 7)

> Las interpretaciones narrativas requieren (...) una extensión temporal y la producen al mismo tiempo. Entender un recuerdo en sí mismo (y distinguirlo de una impresión sensorial presente o pasada, lo que es un objetivo importante en la terapia del trauma) se basa en la conciencia del pasado como el pasado, que a su vez solo es posible si también hay una conciencia del presente como presente. (del alem., en es.: traducción A. C. R.)

Para poder decir algo, tengo que poder dar un significado a lo narrado. Sin embargo, no adquiere este significado hasta una retrospectiva, desde la distancia de un presente que mira hacia atrás:

Nachträglichkeit ist ein wesentlicher Bestandteil der menschlichen Zeitlichkeit, des In-der-Zeit-Seins. Sie zeigt sich in einer Verzögerung oder Verschiebung, einer Vertagung von Sinngehalt und Signifikanz auf einen späteren Zeitpunkt, eben dann, wenn wir zurückschauen und den Dingen eine Bedeutung verleihen können. (Freeman 2015, 14)

La retrospectividad es un componente esencial de la temporalidad humana, del estar en el tiempo. Se manifiesta en un retraso o aplazamiento, un aplazamiento del significado y la significación para un momento posterior en el tiempo, precisamente cuando podemos mirar hacia atrás y dar sentido a las cosas. (del alem., en es.: traducción A. C. R.)

Por lo tanto, aunque en la experiencia siempre se considera como un principio racional que un evento anterior no puede ser influenciado por un evento posterior, este no es exactamente el caso en el evento narrado, porque el significado reconstruido del evento narrado resulta del final, es decir de la trama de la historia:

Indeed, it is an inherent and intractable feature of how we remember and continually restory our pasts, shifting the relative significance of different events for whom we have become, discovering connections we had previously been unaware of, repositioning ourselves and others in our networks of relationships. The past is not set in stone, but the meaning of events and experiences is constantly being reframed within the contexts of our current and ongoing lives. (Mishler 2009, 36)

De hecho, es una característica inherente e intratable de cómo recordamos y restauramos continuamente nuestros pasados, cambiando el significado relativo de diferentes eventos para los que nos hemos convertido, descubriendo conexiones que previamente habíamos ignorado, reposicionándonos a nosotros mismos y a otros en nuestras redes de relaciones. El pasado no está escrito en piedra, pero el significado de los eventos y experiencias se está replanteando constantemente dentro de los contextos de nuestras vidas actuales y actuales. (del en., en es.: traducción A. C. R.)

Además de la trama de la historia narrada, nuestros blogs de migración siempre cuentan con el objetivo de los recorridos, la inmigración o, en la fase posterior a la inmigración, la integración como un fin significativo. Como resultado, las reconstrucciones narrativas en nuestros blogs de migración se duplican fundamentalmente en términos de tiempo y significado desde el final. En muchas narraciones, esta doble orientación se manifiesta directamente en la duplicación de la "coda" de narración (Labov / Waletzky 1973): en una primera interpretación, se refiere primero al evento narrado y luego, en una segunda interpretación, a su significado para la cadena de eventos que conforma todo el "parcours d'immigration".

El camino tomado se rastrea en los blogs de migración en narraciones individuales, por lo que la autoridad para interpretar los eventos de la institución, que determina la forma y la estructura del tiempo, pasa al narrador. El narrador puede decir que cada etapa es auténticamente experimentada y atribuir un significado a esta experiencia dentro del contexto de su vida. De esta manera, todo el proceso de inmigración como parte de la propia experiencia puede ser diseñado de manera lingüística y, por lo tanto, también procesado interactivamente. En este sentido, la narración es una táctica particularmente importante de los blogueros migrantes para identificar el recorrido dado y darle sentido.

4.1. Asignaciones narrativas de las estructuras temporales de la migración

Todas las entradas de blog narrativas son, por definición, reconstructivas, ya que la narración es un procedimiento reconstructivo. Esto da a todas las narraciones una doble estructura de tiempo: la hora del evento narrado se enfrenta a la hora de la narración. Para nuestra cuestión de las estructuras temporales como tácticas de los actores migrantes, la realidad histórica de la narrativa es menos interesante que la forma de la narrativa para acceder al proceso de producir estructuras narrativas:

> der pragmatisch-interaktiv und aus den aktuellen Interessen der Selbsterforschung, Selbstbehauptung und Selbstdarstellung motiviert ist. (Lucius-Hoene 2000)

> que es pragmáticamente interactivo y motivado por los intereses actuales de auto-indagación, autoafirmación y autoexpresión. (del alem., en es.: traducción A. C. R.)

Nuestro enfoque está en los elementos de temporalidad que se pueden ver en las reconstrucciones narrativas de los blogueros.

Como la forma comunicativa del blog sugiere el diario o el libro de registro, este suele estar escrito en archivos en serie que cuentan la historia justo después de que se haya experimentado. De esta manera, los lectores siguen el camino de la migración de un paso a otro, leyendo las publicaciones con sus comentarios e identificando en qué etapa del proceso se encuentra el autor del blog en este momento.

Sin embargo, también hay algunos blogs de migración que comienzan después de su llegada al país de destino. Algunos de ellos no cuentan la vida cotidiana que están experimentando actualmente en el territorio nuevo, pero hacen una revisión narrativa de todo el camino de la migración que ha tenido lugar hasta ese momento. Y aunque en estos blogs las etapas y experiencias individuales se eliminan del proceso y se presentan como entradas particulares, aquí también, como una macroestructura del blog, se observa la secuencia cronológica de los eventos.

Para los lectores de un blog de este tipo que no han seguido todo el proceso de producción en orden cronológico, pero entran en una narración de cierta experiencia, la ubicación temporal de estas narrativas con respecto al momento de los blogs sigue sin estar clara: la presentación estandarizada de las publicaciones en orden cronológico inverso hace que la publicación actual respectiva aparezca muy arriba. Por lo tanto, el lector que no sigue constantemente el curso del blog y no puede capturar sin un esfuerzo específico el contexto textual más amplio. Por lo tanto, a menudo es confuso para los lectores de estos blogs, que tienen un desglose temporal particularmente grande entre contado y contar, que los eventos narrados ya están muy lejos en el pasado. Generalmente en los blogs, las entradas individuales y, por lo tanto, las narraciones individuales se fechan solo después del momento de la narración y no después del momento de las historias contadas. Por lo tanto, puede suceder que la estructura temporal de la construcción narrativa de una entrada de blog se negocie explícitamente, como en el siguiente ejemplo: tras la narración de la primera entrevista de trabajo de su esposa en Canadá, el autor de la publicación recibió un comentario de un lector que hacía la siguiente pregunta:

> P.D. esto que cuentas está pasando o es pasado? (Blog 1, Juni 2009, Comentario)

> El narrador responde: Es del primer mes de estancia aquí es decir entre Marzo-Abril del 2008....saludos y gracias (Blog 1, Juni 2009, Comentario)

La principal diferencia entre la reconstrucción narrativa experiencial y las tácticas, que crear las narraciones desde la perspectiva total del después, es la posibilidad interpretativa más amplia y reflexiva, posibilidades que permiten la vista desde la perspectiva remota hasta el curso completo de inmigración. Esto también se evidencia en los comentarios que se agregan a estas narraciones y que incluyen una clasificación interpretativa de la narrativa en el curso general de la migración:

Así, el Blog 1 informa con más de un año de distancia sobre los primeros días después de llegar a Canadá.

Las publicaciones narrativas individuales son interrumpidas o completas repetidamente por evaluaciones retrospectivas de las acciones y percepciones narradas (Blog 1, 9.4.2009, énfasis mío):

> La primera noche en Montreal ... . (...) Aquel 15 de marzo **lo recordare siempre**, pues vi mi primera nevada caer, nada grande, pues el invierno estaba en sus finales, pero aún nos acompañaría hasta abril. Sin embargo fue mágico ser bien recibidos, sentirnos acogidos, comer bien y luego llegar a dormir nuestra primera noche oficial en Montreal. No sé por qué pero en ese momento me sentí tranquilo. **Era como si el examen hubiera comenzado y el hueco del estómago se cerró súbitamente.** (...) Hoy, mirando hacia atrás, **no cambiaría ninguna de mis decisiones a la llegada.**

De esta manera, las percepciones y sentimientos subjetivos narrados reciben un nuevo significado, atribuciones e interpretaciones, aquí por comparación con la situación del examen, una comparación, que se hace posible solo en retrospectiva, i. e. desde la distancia. La calma concentrada que solía ser inadecuada y difícil de entender, a pesar de todas las incertidumbres que rodean la situación, parece justificable desde el punto de vista del examen aprobado, i. e. la adaptación exitosa al nuevo entorno de vida. Solo sabiendo que los pasos hacia la integración ya se han completado con éxito es posible la evaluación positiva de las primeras percepciones, sensaciones y experiencias y de las acciones resultantes posibles. Y sólo entonces se puede atribuir un significado a las emociones vividas.

4.2. Las narraciones de las etapas y la historia colectiva de la migración

Para atribuir un significado especial a una situación experimentada durante la ruta de migración, para hacerla "narrativa" ("erzählwürdig" cf. Quasthoff 1980, Lucius-Hoene / Deppermann 2004) siempre significa en el contexto de los blogs de migración, clasificarla como típica del proceso de migración. Por lo tanto, la narrativa está directamente relacionada con las funciones de construcción de identidad de los blogs para toda la comunidad. Una manera probada de garantizar el valor narrativo se encuentra en la selección de eventos narrativos: dentro de nuestro corpus podemos ver que siempre es el mismo tipo de situación narrada por los migrantes de blogs. Estas son situaciones definidas por el *parcours* oficial y, por lo tanto, deben ser experimentadas por todos los migrantes.

Como ya hemos visto (capítulos 2 y 3), estas situaciones recurrentes incluyen etapas significativas dentro de los *parcours d'immigration*, como el período de espera antes de recibir las instrucciones médicas o el examen médico (más sobre esto en el capítulo 5), la llegada a Canadá, la primera conversación en francés en Quebec o la búsqueda de alojamiento, etc.

Un evento que se narra regularmente es la entrevista en la embajada de Canadá. Para los migrantes latinoamericanos, esta etapa es particularmente desafiante, tanto en términos de contenido (es importante demostrar que está bien preparado para la vida en el país de destino y que cumple todas las condiciones dadas) y lingüísticamente (toda la entrevista será en francés para que represente simultáneamente una prueba de habilidades lingüísticas).

El siguiente ejemplo de tal narrativa debe presentarse en su totalidad para mostrar cuán diversos son los métodos narrativos utilizados. (Blog 13, 1.3.2009):

La entrevista

Bueno no hay blog de inmigrantes sin pasar por el concebido relato de la entrevista.

Algo que quiero recordarles a las personas que aún no han comenzado su proceso, es que es inútil contratar una agencia o abogado para que los represente. Los trámites son sencillos: llenar formularios y juntar certificados (que de todas maneras uno mismo debe solicitar).

Nos avisaron la fecha de la entrevista con dos meses de anticipación. Todo este tiempo nos sirvió de preparación. Tenemos que justificar nuestro deseo de establecernos en Québec, ojo con esto, no se trata de decir lo mal que estamos en Colombia y lo lindo que se ve Canadá en las fotos, se trata de ir a contarle a un consejero el porqué de esta elección, porqué Québec?

Pues bien, iba en que tuvimos suficiente tiempo para prepararnos. Yo, siendo la aplicante principal, estaba extra-nerviosa. Todo debido a que? Pues hacía algunos meses había solicitado la visa de turismo española para ir a visitar a mi tío favorito en todo el mundo. Yo continuaba repitiéndome: "Si me negaron una visa de turismo, como carajos voy a obtener una residencia permanente a un país que no he visitado?"

Afortunadamente, teníamos a un conocido en Québec quien nos escribió algunas palabras tranquilizantes, entre otras y algo que es lógico y uno olvida, que el gobierno canadiense contrariamente al español, tiene una política de puertas abiertas a la inmigración.

En lo que más nos ayudó: poderlo escuchar hablar francés "quebecuá" la mayoría de los inmigrantes estudiamos francés standard. Todo esto me devolvió la confianza, la fe y hasta el sueño. Fue un lindo gesto de su parte, tomarse la molestia de hablar un ratito con nosotros, unos desconocidos prácticamente, y tan solo a unos cuantos días de la entrevista, parecía más bien algún angelito caído del cielo.

Llegado el gran día partimos en viaje hacia Bogotá. Llegamos un día antes para no lucir tan cansados luego de diez horas de viaje. Pasamos nuestro día hablando en francés, repitiendo mil veces las respuestas de nuestra entrevista "ejemplo".

La cita era a las 14 h. Salimos a las 12 h para evitar cualquier trancón bogotano. Llegamos a las 12 h 45. Almorzaremos cerca a la embajada! Pensamos ingenuamente... Nos bajamos del taxi y de una nos fuimos a la embajada... estaba cerrada, claro. Nos fuimos al centro comercial que queda justo en frente... No logramos almorzar! Era un manojo de nervios espantoso, yo sentía que no tenía estómago, solo un nudo en su lugar... Él, jefe de familia con nervios de acero, calmaba sus angustias dándome ánimo. Decidimos no pensar en nada y solo ver las vitrinas mientras pasaba el tiempo... Además nos veíamos muy lindos en nuestros trajes... como si fuéramos los ejecutivos más importantes que merodeaban por ahí cogidos de la mano...

13 h 45 Nos dirigimos hacia la embajada. Esperamos pacientemente a que abrieran. Llegó el recepcionista, nos anunciamos y nos hizo esperar

unos momentos... llamó a un señor del que no recuerdo nada, sólo que era muy amable y nos dijo: Tenemos que ir al hotel que está frente a la embajada, ya que al señor cónsul no le gustó el lugar... "Qué????" -pensé yo- "ese tipo tiene que ser jodidísimo!!!" Nos intercambiamos una mirada de confusión mezclada con terror con mi marido... De vuelta al centro comercial donde habíamos pasado una hora dando vueltas...

Llegamos al lobby del hotel. Los celadores nos remarcaban mucho. Vienen a la entrevista de inmigración, no?

- Ajá (Que nos delataría?)

- Ya los anunciamos.

Nos requisaron, pero no a nuestro guía ya que el se la pasa en eso todo el día "escoltando" a los candidatos de un lado de la calle al otro. Inútil hacerlo pasar por tanta molestia...

A mí me requisó una mujer. Muy amable.

- Tienes nervios?

- Muchos.

- Tranquila les va a ir bien.

- Gracias!

Luego al ascensor. El nudo en mi estómago no se quería desatar... siempre con las manos agarradas esta vez con mucha fuerza, como pasándonos ánimo, así en un lazo indestructible...

Minutos eternos de espera en el pasillo esperando a que Mr. "Terrible" Abriera la puerta... Por fin la abrió:

- Buenas tardes doctor, (dijo el guía)

- Buenos días (contesta Mr. Terrible)

Qué!!! habla español??? Pensábamos nosotros (que alivio).

- Acá están los candidatos, hasta luego!

- Ok (Contesta Mr. Terrible)

- Bonjour!

- Bonjour Monsieur (contestamos al unísono)

Nos dimos cuenta de que probablemente "Buenos días" sería lo único en español que le escucharíamos, y así fue.

Pues bueno luego de las presentaciones y sentarnos comenzó la entrevista. Todo salió diferente a como lo pensábamos pero fue para bien, Mr. Terrible se presentó y pude dejar de pensar en él como si fuera una especie de ogro, en realidad era todo lo contrario, un señor muy comprensivo y paciente, comenzó hablándonos como a niños pequeños y a medida que veía que comprendíamos todo, la cosa se animó y comenzó a hablar rápido... muy rápido.

Las personas somos increíbles. Llevábamos 40 minutos de entrevista y estábamos los tres muy a gusto, incluso ya en confianza, como si fuésemos amigos de toda la vida. Mi pregunta indiscreta:

- Qu'est-ce que vous dérange de l'Ambassade?

- Le bruit!!! Il y a des bâtiments en construction juste à côté... on peut rien entendre!!

Y tenía razón. Al lado de la embajada están construyendo dos edificios... nunca pensamos en eso! Que malpensados siempre pensando lo peor!!!

Y así terminaba nuestra entrevista... El cónsul nos felicitó incluso nos abrazó, dijo que nunca nos olvidaría, nosotros, conmovidos casi hasta las lágrimas, tanto esfuerzo y preparación se resumió allí, nunca esperamos que todo nos saliera así de maravilloso....

"Vous avez très bien réussi, bravo! Soyez bienvenus à votre nouveau pays"

No salimos caminando... salimos volando! Un nuevo capítulo de nuestras vidas comenzaría, ese 18 de septiembre de 2007. Nosotros nunca lo olvidaremos non plus "monsieur Poisson"

La estructura de este post se puede asignar bastante bien a la forma normal de las narraciones orales presentadas por Labov y Waletzky en

1973: Por lo tanto, el post comienza con una "orientación" que categoriza la siguiente narración como un elemento obligatorio de los blogs de migración: "Bueno no hay blog de inmigrantes sin pasar por el concebido relato de la entrevista." Al mismo tiempo, el bloguero se refiere aquí al constructo ("concebido") del post. E incluso si es estrictamente cronológico en lo siguiente, uno reconoce sobre todo en las diferentes velocidades de narración y el uso específico de los métodos narrativos que el post fue cuidadosamente diseñado:

> Die dargestellten Akteure haben nicht einfach so gehandelt wie erzählt, sondern es ist der Erzähler selbst, der sie in einer bestimmten Weise auftreten lässt, der ihre früheren Äußerungen und Handlungen so selegiert, gestaltet, in Zusammenhang setzt und interpretiert wie sie schließlich als Elemente der Erzählung erscheinen. (Lucius-Hoene / Deppermann 2004, 175)

> Los actores retratados no simplemente actuaron según lo narrado, sino que es el narrador mismo quien los hace aparecer de cierta manera, quien selecciona, modela, correlaciona e interpreta sus expresiones y acciones anteriores tal como aparecen finalmente a modo de elementos de la narrativa. (del alem., en es.: traducción A. C. R.)

Antes de comenzar la narración real, el bloguero hace un comentario fundamental que aborda explícitamente a los nuevos en la migración y tiene el formato de un consejo. Se trata de enfatizar que la ayuda de una agencia o un abogado no es realmente útil en el proceso de migración, ya que todos los pasos esenciales deben solicitarse y completarse por escrito, y en todo caso personalmente por cada migrante.

La referencia de este consejo a la siguiente narración no está clara al principio. Solo cuando se completa el post, queda claro que puede considerarse la narrativa como ilustración del "uno mismo" en este consejo general. Solo si uno ha preparado de forma independiente la situación de examen dada y ha vivido a través de ella, puede obtener de tales experiencias ideas que mejoren la propia personalidad de tal manera que todo el proceso de migración pueda tener éxito.

Sigue el comienzo de la historia con una orientación temporal (faltan dos meses para que la pareja prepare la conversación). El hecho de que las circunstancias y condiciones exactas de la discusión del mensaje no necesiten ser explicadas aquí se explica por la referencia inicial a la naturaleza obligatoria de esta narración: todos los blogs de migrantes cuentan sobre esta etapa central de los recorridos, por lo que se puede asumir que sus condiciones son familiares a la comunidad.

La parte principal de la narrativa, i. e. la complicación, crea una curva de suspense con una estructura de tiempo especial: en primer lugar, se da un informe extenso de los dos meses de preparación, luego el tiempo narrativo se vuelve más compacto y describe brevemente el día antes de la conversación. Después de eso, el tiempo se vuelve aún más intenso y habla de la hora antes de la conversación, del último cuarto de hora y de los minutos antes de conversar.

Los elementos situacionales y las sensaciones subjetivas asociadas (miedos, escenas imaginadas que a su vez causan nerviosismo, etc.) se describen cada vez con más detalle. De esta manera al lector se le trasmite ese nerviosismo y esa ansiedad cada vez mayores, que también se describen en imágenes fuertes i. e. "un manojo de nervios" o "no tenía estómago, solo un nudo".

Otros detalles describen estrategias para lidiar con el creciente nerviosismo e. g. tomarse de las manos, distraer, etc. Poco antes de que se cuente la conversación, el bloguero cambia al modo narrativo escénico dramático para describir el encuentro con el personal de la embajada. Esto aumenta aún más la tensión. Al mismo tiempo, el lector ahora experimenta el momento de la narración casi en sincronía.

En este punto de tensión suprema, se produce un momento de retraso: un miembro de la embajada los conduce nuevamente fuera de la embajada, ya que la conversación tendrá lugar a petición del cónsul en el hotel de enfrente. Aquí, el lector obtiene una visión de la imaginación de los migrantes, quienes se imaginan al cónsul como un monstruo e. g. "ogro", debido a esta acción inexplicable: "¿qué es esto para una persona que no es lo suficientemente buena para el edificio de la embajada?".

El comienzo de la conversación real se cita nuevamente en un discurso directo: "¡Bonjour! - Bonjour Monsieur (contestamos al unísono)".

En este punto, la tensión se interrumpe bruscamente. El resto de la conversación con el cónsul (según la bloguera dura 40 minutos) está fuertemente recopilada en unas pocas líneas. Para ilustrar lo relajada y amigable que fue la conversación, se cambia a la reproducción directa del habla: la bloguera se atreve incluso a preguntar al cónsul qué fue lo que le molestó en la embajada, ya que él había solicitado tener la conversación en el hotel de enfrente. Su explicación de que era demasiado ruidoso para una obra de construcción se toma con alivio como una decisión banal y razonada.

En este punto, la bloguera inserta una evaluación en la que se refiere a los temores descritos anteriormente y a su propio comportamiento como incorrectos: "Que malpensados siempre pensando en lo peor !!". Al formular aquí lo que ella ha aprendido de su experiencia durante la conversación, ella pasa esto a sus lectores como una primera atribución de significado e interpretación de la experiencia en el plano temporal del evento relatado.

Finalmente, como una "disolución" de la narrativa, se relata el éxito de la conversación, en la que se describe el abrazo del cónsul en despedida y se citan sus felicitaciones por el examen aprobado y la bienvenida a la nueva patria: "Vous avez très bien réussi, bravo! Soyez bienvenus à votre nouveau pays".

La publicación finaliza con una "Coda", que analiza los eventos sobre la presencia del bloguera y nuevamente enfatiza explícitamente la relevancia de esta etapa para el proceso de migración (Blog 13, 1.3.2009):

> Un nuevo capítulo de nuestras vidas comenzaría, ese 18 de septiembre de 2007. Nosotros nunca lo olvidaremos, non plus monsieur [nombre propio]

Aquí reconocemos la antes mencionada estructura de tiempo doble de las construcciones de significado: en contraste con la "evaluación", a lo narrado se le otorga una relevancia significativa aquí en el segundo nivel, el nivel de todo el proceso de migración.

Mediante el uso de una amplia variedad de métodos narrativos, tales como las actualizaciones interactivas escénicas, la presentación de posibilidades imaginadas de secuencias de acción alternativas, la reproducción de emociones (nerviosismo, miedos, ansiedad o alivio), o la acumulación deliberada de la tensión mediante la alternancia de descripciones de acción, la nueva presentación directa, las descripciones de sentimientos subjetivos o los comentarios desde la perspectiva del narrador actual, la bloguera logra construir su versión personal del evento ya conocido y narrado en varias ocasiones.

El significado colectivo de su narración a la comunidad es evidente en algunos comentarios de los lectores. Así escribe el autor del Blog 1 en su comentario (blog 13, 2.3.2009, comentario):

> Chévere...me alegro mucho de tu experiencia....salir de esa entrevista es "descansador"....adelante...duro con el francés...esa es la llave! aquí...cualquier minuto que estudien de más...será un minuto de menos sin trabajo! Saludos y felicidades de nuevo.

Como migrante, que ya ha vivido esta etapa, está en posición de confirmar el significado de las atribuciones de la narración. Al mismo tiempo, señala un tema que ha sido tratado solo marginalmente, pero de particular importancia para la comunidad, el problema del dominio del francés por parte de los migrantes.[15] – De hecho, en la narrativa, la competencia lingüística francesa de la pareja migrante se muestra como muy buena, lo cual es una excepción dentro de nuestro corpus.

Otro comentarista anónimo escribe (blog 13, 2.3.2009, comentario):

> Muy lindo relato realmente se me pusieron los ojos sollozos, cuanta emoción, realmente estoy contando los días para poder pasar la entrevista.

Este migrante está obviamente en su recorrido antes de la etapa descrita aquí. Por encima de todo, hace que su participación emocional sea relevante, lo que le permite prepararse internamente para el escenario incluso antes de su propia experiencia.

En nuestro corpus hay numerosas narraciones de esta etapa. Y cada vez son, como aquí, ampliamente negociadas en comentarios. De esta

---

[15]   De hecho, muchas publicaciones en nuestro corpus están relacionadas con este mismo problema, que por lo tanto presenta su propio entramado complejo (ver Kluge 2011, Frank-Job / Kluge 2015).

manera, cada historia de progreso individual en la ruta de migración se convierte de una etapa a otra en una cadena de narrativas que vinculan a los blogs y sus lectores entre sí, formando una red dinámica de etapas constantemente narradas, que evoluciona dentro de la estructura estática del tipo del curso prescrito oficialmente.

Esta red, como un elemento de la identidad de la comunidad de blogueros, representa un concepto de temporalidad en el que la migración aparece como una secuencia eternamente repetitiva de etapas que siempre son las mismas, pero que se reviven constantemente de manera individual.

El autor del blog 1 lo expresa de la siguiente manera (blog 1, 13.11.2011):

> Pienso que todo está dicho y cuando lo pienso, me doy cuenta de que esta dicho de miles de formas, pero todas diferentes. Eso es la inmigración. Millones de ópticas sobre un mismo tema, todas validas, todas veraces, todas falsas a la vez.

Una forma de narración condensada, mucho más concisa, está presente en el siguiente ejemplo. Como ya hemos visto en el capítulo 2, el tiempo de espera entre dos etapas es frecuentemente el motivo de las publicaciones. El migrante no puede continuar activamente su camino hasta que la institución, como el Departamento de Inmigración o la Embajada de Canadá, haga una solicitud oficial. Por lo tanto, el período de espera debe estar lleno de actividades (e. g. cursos de idiomas preparatorios, investigación sobre la región objetivo, etc.) o reflexiones que se relacionen con la situación de uno o el futuro. Mientras que la mayoría de los blogueros utilizan estos tiempos parciales para reflexiones, el autor de blog 14 elige una narración.

El blog 14 (14.6.2007) comienza en uno de estos tiempos de espera con su primer mensaje, que se presenta como "La espera ...". Aunque lo que sigue es un formato narrativo (fuertemente basado en la narración oral espontánea) - note especialmente el uso del tempo, la estructura estrictamente cronológica por los marcadores del discurso e. g. "bueno pues" y el uso de adverbios de tiempo y fechas - estrictamente hablando, es simplemente una enumeración de las etapas previamente completadas, con breves comentarios irónicos (a continuación subrayado) y una conclusión moral. (blog 14, 14.06.2007 énfasis mío):

> Bueno pues en agosto de 2006 recibí mi CSQ (Certificat de Selection du Québec) y en noviembre envié mis papeles a la embajada de Canadá para todo el trámite federal. Bueno pues hace un mes me llegó un sobrecito de la embajada dándome instrucciones de donde ir a hacerme los exámenes médicos y los análisis policiales.
>
> Hace dos semanas que entregué los papeles y bueno, **ya saben cómo son en las embajadas, te tratan con la punta del pie. Lo peor es que esos monos son mexicanos!!; en fin...** Sin embargo en el documento me pedían - además de los exámenes policiales en México - ir a hacerme la toma de huellas a una oficina de policía en Canadá, **cosa que se me hizo medio raro. Aunque estuve viviendo un tiempo en Montreal, no estuve más de seis meses.** Envié un correo a la Embajada y estoy en espera que me contesten. **Si no tengo que ir, pues solo restará esperar....**

La macroestructura de esta "narración" recuerda a las tablas de las etapas de migración descritas anteriormente con sus fechas asociadas (ver capítulo 2). En este caso, el tiempo de espera antes de la última etapa antes de una posible entrada se utiliza para un tipo de recapitulación narrativa de las etapas ya completadas, lo que también proporciona una orientación rápida sobre el bloguero aquí en la publicación de apertura del blog. Sin embargo, en los breves comentarios del bloguero, los sentimientos subjetivos que fueron provocados por las experiencias también se pueden reconocer aquí y, por lo tanto, ofrecerse a la comunidad como posibles interpretaciones. Por lo tanto, la ira sobre el tratamiento peyorativo en la embajada o la incertidumbre que dispara los requisitos de la policía canadiense, se vuelve relevante. Los dos comentarios publicados en este post también incluyen, entre otras, estas representaciones de sentimientos subjetivos en la publicación.

4.3. Perspectivas narrativas, posturas y construcciones de una identidad colectiva

En el ejemplo que se acaba de presentar, se puede ver que la forma en que se ven los procesos y las etapas que se narran en perspectiva, revela la interpretación individual específica del bloguero a lo que ha experimentado. Destacan el estilo de lenguaje frívolo y espontáneo, así como el direccionamiento directo de los lectores (e. g. "ya saben") en el comentario y los comentarios despectivos sobre el comportamiento de los representantes de la embajada o la conclusión resignada, que muestra la espera pasiva como la única opción. Todas estas perspectivas muy subjetivas de los acontecimientos, la vulnerabilidad y la impotencia del inmigrante frente a la arbitrariedad de las instituciones. Si se compara esta representación de la pista a través de las listas tabulares ya presentadas, se puede ver cuán grandiosas son las narraciones de los blogueros en modo narrativo.

Entre los procedimientos narrativos utilizados por los migrantes como tácticas de apropiación y gestión del proceso de migración se encuentran las tácticas de posicionamiento externo e independiente (Lucius-Hoene / Deppermann 2004a/b, 2008). Estos permiten a los blogueros caracterizarse a sí mismos y a otros de cierta manera como hacedores en el evento narrado, atribuyéndoles ciertas cualidades, habilidades y actitudes:

> Im Erzählen von Selbsterlebtem muss der Erzähler sich selbst als Handlungsträger der Geschichte, [...] als durch Erfahrungen geprägter Akteur kenntlich machen. Er muss sein vergangenes Ich der Erzählung mit bestimmten Eigenschaften und Handlungsweisen in Szene setzen und diese Selbstoffenbarung unter Beachtung hörer- und situationsbezogener Aspekte gestalten. (Lucius-Hoene / Deppermann 2004a, 167)

> En la narración de la experiencia propia, el narrador debe identificarse como el agente de la historia, (...) como un actor moldeado por la experiencia. Debe escenificar su ego pasado de la narrativa con ciertas características y modos de acción y dar forma a esta autorrevelación teniendo en cuenta aspectos relacionados con el oyente y la situación. (del alem., en es.: traducción A. C. R.)

La selección de los eventos que se narran de entre la multitud de estaciones posibles de los recorridos es tan importante como la forma en que se contextualizan los eventos o el formato narrativo que se elige. Todos estos procedimientos narrativos ayudan a crear una identidad narrativa:

> Positionierung bezeichnet zunächst ganz allgemein die diskursiven Praktiken, mit denen Menschen sich selbst und andere in sprachlichen Interaktionen auf einander bezogen als Personen her- und darstellen, welche Attribute, Rollen, Eigenschaften und Motive sie mit ihren Handlungen in Anspruch nehmen und zuschreiben, die ihrerseits funktional für die lokale Identitätsher- und –darstellung im Gespräch sind. (Lucius-Hoene / Deppermann 2004, 168)

> En primer lugar, el posicionamiento generalmente se refiere a las prácticas discursivas con las que las personas se crean y se representan a sí mismas y a los demás en las interacciones verbales como individuos, y qué atributos, roles, características y motivos reclaman y atribuyen a sus acciones, que a su vez Son funcionales para la representación local de la identidad en la conversación. (del alem., en es.: traducción A. C. R.)

Un análisis detallado de los métodos de posicionamiento en las narraciones de nuestro corpus fácilmente llenaría solo un libro completo. Por lo tanto, solo puede ser una pequeña selección de ejemplos relacionados con conceptos de temporalidad y explorar el alcance táctico que los migrantes abren con sus narrativas para diseñar conceptos del tiempo relacionados con el proceso de migración. El hecho de que nunca sea solo una cuestión de trabajo de identidad para quien construye la narración, sino que también es siempre una contribución a la identidad de los migrantes latinoamericanos a Quebec como comunidad, también se aplica a las tácticas de posicionamiento.

En el siguiente ejemplo, la bloguera (blog 1, 1.7.2009) cuenta un evento que ocurrió poco después de llegar a Quebec:

> Mi primera cita a entrevista... Un día cualquiera de la semana venia yo, ya ni sé de dónde, en el autobús (...). Una vibración "celular" me saco de mis pensamientos de inmigrante para introducirme en el mundo de las conversaciones imposibles de autobús. Los que han recibido una

llamada en francés quebeco en un bus a menos de 45 días de haber llegado a Montreal, sabrán de que hablo!...para quienes no saben, he aquí
el bosquejo contextual: (...)

La bloguera elige una actitud narrativa que enfatiza su poder reconstructivo seleccionando claramente de la información contextual aquellas cosas que son relevantes para la trama de su narrativa (o aquellas
que no lo son como irrelevantes, e. g. "ya ni sé de dónde") y asignando
sus percepciones y pensamientos a categorías de roles sociales típicos
(e. g. "mis pensamientos de inmigrante") y situaciones (e. g. "conver-
saciones imposibles de autobús"). Además, ella se dirige a un número
de lectores imaginado categorizado por haber experimentado exactamente la misma situación. Esto también brinda otra oportunidad para
posicionarse como alguien que estaría abrumado con la situación y los
requisitos lingüísticos. Para el resto del evento, la bloguera utiliza téc-
nicas de dramatización cuando reproduce de forma escrita la conversación telefónica. Además del uso de elementos paraverbales (e. g. puntos
para reproducir pausas, signos de interrogación para no entender, letras
mayúsculas para mostrar la intensidad de los sonidos) agrega numerosos comentarios al discurso reproducido entre paréntesis en forma de
direccionamiento directo para los lectores imaginados. Los comentarios
a esta publicación contienen, además de explicaciones contextuales, todas las solicitudes repetidas a los lectores para que se pongan en el contexto de la situación narrada. Esto crea una especie de complicidad con
el lector, que debe conocer las emociones del protagonista:

BZZZZZ............BZZZZZZZZ.......BZZZZZZZZZ (a ver imaginación POR FAVOR!!!! Es la vibración del celu!)

YO: Oui, alo?

VOZ : M. [nombre propio]? (a ver ...imaginación POR FAVOR!!!! Obviamente la persona sabia mi nombre!)

YO: Oui, c'est moi à l'appareil....

VOZ: M. [nombre propio], mon nom est Km ?????yen , j travaille pour
Rlf C H????? on v...chr...lle....car... reçu tr...Rsumé...intesnt....pour

la position qu'on cherch…on aimrai..vous rncntrer…le plus tôt possbl si vs et encr à l rchrch….est-ce que vs est encr n chrch d l'emploi

YO: ehhh, mmmm…..a veeerrrrrrr….bueeeno….si claro..(de aquí en adelante mis palabras en español para facilitar la comprensión…pero como dije antes todo transcurrió en francés).

VOZ: Vous v conisz RLF C????....on est ste a lost d lile….est-ce que l ## d'abrl à ??? hrs c'est beau pr vu?

YO: ehhhhh….mmmmm…perdoneme pero hay mucho ruido y no escucho muy bien…me podria repetir, por favor?

VOZ: est-ce que l ## d'abrl à ??? hrs c'est beau pr vu?.....not addrs est ??????????? autrt ???????

Quelle heure vous-va bien?????

YO: mmmmm…….si…si claro a esa hora estaria bien….

VOZ: 9:00 ça vous va?

YO: (pensando para mis adentros: o sea que lo que habia entendido no era la hora….ah veo!) si si ….esta perfecto!

VOZ: vs vs avz ntz bien toutes nos informations?

Y es aquí donde no se porque, para que, con que objeto, que fin buscaba…nunca me lo explique!!!!! Pero a pesar de haber comprendido menos del 2% de la información excluyendo obviamente que era para una entrevista que me llamaban, respondí de la manera en que mis nervios crispados, manos temblorosas, frente sudorosa y cerebro bloqueado me aconsejaron:

YO: Oui! Merci!

VOZ: Ok M. Burzum…..bonne journeé…..au plaisir de vous rencontrer.

YO: Oui, oui….merci…

En resumen: no supe quién me llamo a una entrevista para no sé qué puesto en no se cual empresa y yo acepte ir a no sé dónde sin saber

cuándo…pero eso si……….la cita era a las 9:00 a.m.!!!!!
Sin embargo, me sentí feliz…era mi primera cita a entrevista!!!!!

La bloguera permite a sus lectores experimentar una situación particularmente estresante, que ella no maneja bien debido a su falta de habilidades lingüísticas y la situación desfavorable: llamar por teléfono celular durante un viaje en autobús. Al mismo tiempo, sin embargo, se posiciona como una persona que no se rinde ni siquiera en una situación comunicativa difícil que, a pesar de la imposibilidad de éxito, consigue resolver. En la "evaluación" que concluye, ella categoriza explícitamente sus acciones como un fracaso, pero aun así llega a una evaluación positiva de la experiencia. Esta atribución de sentido solo puede ocurrir en relación con su proceso de integración, entendido éste como un todo: ella parece haber logrado recibir una invitación para una entrevista de trabajo. De hecho, como saben sus lectores, ella escribe su narración de la situación de un trabajo ahora seguro. Una de las funciones de esta narración es precisamente señalar su significado real para el proceso a largo plazo, a través de señalización el fracaso. Para los lectores, la actitud positiva, a pesar del fallo, se establece como relevante en la evaluación como mensaje central (e. g. "Sin embargo, me sentí feliz").

También en el siguiente ejemplo, una experiencia negativa se narra de tal manera que se puede hacer una atribución de significado positivo con respecto al proceso de integración:

El blog 4 comienza aproximadamente un año después de la inmigración y habla sobre la integración en la vida cotidiana de Canadá. Por lo general, los eventos actuales se cuentan el mismo día o algunos días después: en el siguiente ejemplo, la bloguera cuenta cómo tuvo que esperar 5 horas con el hijo levemente herido en el departamento de emergencias de una clínica hasta que finalmente recibió tratamiento. Junto con la narración y entrelazados en ella, se encuentran comentarios explicativos y evaluativos que toman en cuenta varias perspectivas imaginadas: la perspectiva de una argentina de clase media, la perspectiva de una quebequés, y, finalmente, la suya propia, que combina las dos perspectivas anteriores y también es una perspectiva experta, ya que la bloguera es una enfermera. Así, ella se posiciona como alguien que tiene diferentes estándares de evaluación y puede adaptarlos de manera competente a los contextos respectivos (blog 4, 19.07.2006):

> La guardia del hospital.
>
> Por un accidente doméstico, nada grave, pero que necesitaba una ida al hospital para suturar una cortada de Lucas en el tobillo estuvimos 5 horas en la guardia. Para todo argentino de clase media esto de pasarse 5 horas en la guardia del hospital es una total barbaridad (salvo para el pobre argentino que frecuentaba los hospitales de la zona oeste del gran Bs As donde esta espera era muy común). Para el quebécoise pasar todo el día en la guardia es normal y hasta tiene su lógica y te dan toda una serie de explicaciones al respecto.
>
> En honor a la verdad, sí es mucha espera y su lógica tendría que reducirse a 2 hs de espera en un día normal, pero la verdad es que faltan médicos y no saben (o las Ordres no quieren)resolverlo. De todas maneras, me pareció muy bien el "Triage" que es un sistema de clasificación de la gravedad que hace el enfermero de triage y que atiende muy rápido a toda la gente y los manda a rayos, laboratorio, etc. y los "entretiene" según el caso y luego a esperar de acuerdo a tu gravedad. (...)
>
> Esto que cuento parece de terror, pero como enfermera que soy, creo que tiene su lógica para que la gente sea atendida con equidad (que no es lo mismo que igualdad). (...)
>
> Al final, Lucas recibió 3 puntitos de manos de una doctora muy amable y a casita!

La bloguera contextualiza la situación de larga espera descrita, proporcionando información de antecedentes y refiriéndose explícitamente a la racionalidad del evento (e. g. "tiene su lógica") y también, dando una base lógica para la larga espera del sistema de triage practicado en las salas de emergencias canadienses. En su explicación del largo tiempo de espera en la sala de emergencias, la bloguera se posiciona a sí misma como una experta múltiple, tanto como profesional con experiencia (enfermera) y como persona común en Argentina y en Quebec. Ella asume automáticamente un papel mediador frente a sus lectores, los cuales son clasificados entre los que sobreviven en Argentina y los que están todavía en el camino a la inmigración. En la evaluación final, enfatiza el principio de "equidad" del proceso de selección, una cualidad que es una de las características oficiales de la sociedad quebequense, como se describe, por ejemplo, en el siguiente comunicado oficial:

> (…) les valeurs fondamentales de la société québécoise que sont l'équité,   la   justice   sociale   et   la   solidarité. (http://www.midi.gouv.qc.ca/fr/presse/communiques/com20160324.html)

> (...) los valores fundamentales de la sociedad quebequense, a saber, equidad, justicia social y solidaridad. (del alem., en es.: traducción A. C. R.)

De este modo, la bloguera logra reinterpretar una experiencia negativa con el sistema del departamento de emergencias de los hospitales canadienses e identificarla con un valor positivo, que permite a la comunidad migrante dar sentido a toda la narrativa en el contexto de una integración exitosa ("apprendre les valeurs du Québec").

El papel mediador que tienen las narraciones de los blogueros que han emigrado con éxito al país de destino para aquellos que están en etapas más tempranas de la migración, afecta a la estructura y a la concepción temporal de la migración de una manera especial.

Una de sus seguidoras escribe un comentario en la entrada del blog que acabo de citar (blog 4, comentario del 20/07/2006 a las 5:30; énfasis mío):

> Hola: Mi nombre es [nombre propio] y hace unos meses he seguido con bastante interés su blog, me ha atrapado su forma de narrar su vida en [nombre del lugar] y las cosas que cada día cuentan; actualmente estoy tramitando mis papeles para inmigrar a Canadá y precisamente el lugar que he elegido para vivir es [nombre del lugar]; el motivo principal de este mensaje es para preguntarle sobre la vida cotidiana de ese lugar, he investigado en las páginas oficiales pero creo que me falta el testimonio de alguien que ya este inmerso en la cotidianidad. Me gustaría saber la facilidad o dificultad que hay para encontrar vivienda y trabajo (...) cualquier cosa que me quisieran contar , sugerir u opinar sobre el día a día de los habitantes de [nombre del lugar].
> De antemano, muchas gracias por la información y **averiguaré cada día un poco más de la vida en [nombre del lugar] a través de su blog.**

Aquí queda claro que a los que aún se encuentran en el camino de la migración, se les dará una participación en una vida que están tratando de imaginar, a través de las narrativas quebequenses. Simultáneamente, las narraciones les ofrecen atribuciones de significado, que ellos confirman en sus comentarios. Desde el punto de vista de la temporalidad, esto significa que las reconstrucciones narrativas de experiencias pasadas de inmigrantes que ya han tenido éxito, se convierten en posibles experiencias proyectadas en el futuro. Los diseños futuros se combinan con las reconstrucciones de experiencias reales y permiten la concreción de las propias visiones, pero también el aprendizaje de mecanismos de adaptación (como cambios en las actitudes y expectativas), incluso antes de que se experimenten las situaciones correspondientes.

Los procedimientos de posicionamiento en las narraciones y las interpretaciones conectadas de experiencias durante el proceso de migración, proporcionan a los lectores nuevas perspectivas, concretizaciones y detalles de sus propias proyecciones con respecto a la ruta de la migración. Así, el pasado reconstruido de uno mismo se convierte en la base para el futuro proyectado de los otros.

4.4. Narraciones sobre la experiencia temporal en la migración

Uno de los enfoques narrativos DE los conceptos de temporalidad es la descripción del tiempo vivido durante el proceso de migración, es decir ese otro tiempo, distorsionado, cambiado de la vida cotidiana habitual, y en ambas direcciones.

Como hemos visto (véanse los capítulos 1 y 2), en la experiencia personal de los migrantes, la persistencia ENTRE dos hitos está en primer plano. Dado que no pueden determinar la duración de este período intermedio, es importante posicionarse frente a la apertura fundamental del tiempo de espera. Este trabajo conceptual, significativo para la espera, es un tema en cada uno de nuestros blogs de migración. Y la mayoría de las veces, la propia percepción del tiempo también se describe:

En la gran mayoría de los casos, como ya hemos visto en algunos ejemplos, el tiempo de espera se experimenta como infinitamente largo y oneroso. Por ejemplo, en el blog número 1 (6.3.2009):

> La espera de esas fechas fue una pereza....todos los días ansiando el
> famoso sobre color reciclaje....todos los días viendo que se acababa el
> tiempo para nuestro cronograma inicial....todos los días pasaban como
> si fueran 6 meses cada uno de ellos.

En la narración del tiempo de espera para las instrucciones médicas, se
hace visible tanto la impaciencia de los migrantes en vista del tiempo
de expiración (y su horario original), como el agotamiento de la espera
diaria, por lo que un solo día aparece como seis meses.

El trasfondo de esta distorsión es la percepción de que la vida cotidiana normal de aquí y ahora el país de origen parece ser cancelada e
irrelevante frente a un tiempo proyectado que desea alcanzarse (e. g.
"nuestro cronograma inicial").

En el transcurso de la misma publicación, el bloguero ahora describe el momento en que termina esta espera, se disuelve el tiempo intermedio y se anuncia la siguiente etapa del *parcours*, ya que finalmente
ha llegado la convocatoria de un examen médico (blog 1, 6.3.2009):

> De pronto en un día de esos en los que la espera se te había amodorrado
> de tanto soñar despierto con los planes que tenía...llegue a mi casa y lo
> encontré encima de mi cama....así nada más....como si nunca lo hubiera
> estado esperando, con esa sencillez de sobre de carta postal que no va a
> servir para nada, pero guardando la llave de nuestro viaje.

La narración deja en claro cuán fuertemente está vinculada la percepción subjetiva del tiempo del migrante a los eventos externos que le son
otorgados por la autoridad de inmigración. La oportunidad de comenzar
una nueva etapa, llega como un evento impredecible y ridículamente
banal para su vida, a pesar del largo tiempo de espera, y lo cambia todo.
La vida cotidiana en la patria del bloguero, en la que aún se encuentra
en el momento narrado, parece estar completamente excluida de la percepción o incluso ser irreal: lo que se esperaba con urgencia durante
semanas parece casi algo ficticio en el momento de la llegada (e. g.
"como si nunca lo hubiera estado esperando"). Al final de esta narración, en la que se informa brevemente del examen médico, la perspectiva se dirige completa y exclusivamente a la emigración proyectada
(ib.):

> Cansados pero con el deber cumplido nos fuimos a mi casa a hablar y planear lo que pensábamos que en menos de un mes y medio estaríamos comenzado, nos fuimos a hablar de nuestro viaje....por enésima vez!

En numerosos relatos de nuestros blogs se hace visible una orientación temporal similar en todos los migrantes, que se dirige exclusivamente a las proyecciones futuras. Al hacerlo, se oculta el tiempo de espera entre dos etapas. En su lugar están los diseños de las etapas y los temas de un tiempo futuro, los cuales están pintados con detalle en la imaginación como si fuesen escenas. Así lo dice en el blog número 8 (10.01.2006, énfasis mío):

> Como aún no nos entregan la visa, hemos aprovechado esta temporada navideña y cuasi-vacacional, **para reflexionar y plantearnos los diversos escenarios** en los cuales nos podemos desenvolver.

Bajo el título "La "dulce" espera" (sic), el blog 1 cuenta en un post sobre el tiempo de espera justo antes de la partida (10.3.2009):

> No era fácil concentrarse, no era un ejercicio sencillo separar la cabeza del futuro para traerla al presente y hacernos, de paso, olvidar ese hueco en el estómago. No era fácil vivir el día a día, pero era la única forma de vivir más rápidamente el mañana.

Ante la emoción de estar tan cerca de la partida deseada, la vida cotidiana del presente se convierte en una distracción de la meta real en la que debe enfocarse día tras día. Al mismo tiempo, esta distracción sirve para hacer soportable la espera.

Todos estos ejemplos, todavía en la primera fase de la migración antes de trasladarse al país de destino, consideran el tiempo de espera impuesto a los migrantes por restricciones externas (generalmente esperando que las autoridades de inmigración hagan una notificación), como un tiempo de espera en el que el presente se difumina gradualmente y el enfoque se orienta hacia el futuro en el país de destino.

Una forma completamente diferente de percibir el tiempo se describe en narraciones que giran alrededor de la primera vez después de llegar a Canadá. Aquí, los eventos, las experiencias y las impresiones de repente se acercan tanto que parecen casi imposibles de dominar en un tiempo demasiado rápido. Así es como el autor del blog 1 lo describe en la narración de los primeros meses en Montreal (blog 1, 27.5.2009) bajo el título "De cómo se vive un siglo en un mes ....":

> Nuestros días parecían siglos y al completar un mes y medio sentíamos haber vivido casi un año aquí.

Aquí, por el contrario, el tiempo parece haberse acumulado, de modo que ya no se pueden procesar las numerosas impresiones:

> Pero cada día era una nueva etapa....(...) tantas historias…tantas palabras....tantos conceptos tantas cosas nuevas día a día……

Inmediatamente después de la inmigración, el presente aparece como la única medida real en la percepción de los inmigrantes. Pero ahora es más rápido, ya que las impresiones y experiencias individuales se pueden procesar y gestionar. Aquí, entonces, no se habla de futuros diseños, mucho menos del pasado, sino del camino recorrido con éxito hasta aquí.

En general, las narrativas de los migrantes blogueros revelan muchos conceptos nuevos de temporalidad que diferencian al grupo de migrantes del entorno de su país de origen o de destino, asignándoles un estado que se distingue por sus propias percepciones del tiempo, enredadas y disfrazadas.

El tiempo antes de entrar a Quebec siempre se esfuerza por lo que está por venir, está diseñado de antemano y este diseño determina cada vez más la percepción cotidiana. Uno puede categorizar este concepto del tiempo típico de la migración antes de emigrarse, como hacen algunos de los migrantes, como un tiempo intermedio, un "todavía no" y "ya no más", que siempre es tangible en las narraciones y es un elemento esencial. Representa la identidad compartida.

Por encima de todo, al decir las mismas distancias e hitos en cada blog de migración, ésta adopta la imagen de un curso infinitamente repetitivo. Así, numerosas publicaciones abordan el hecho de que el proceso de migración es infinitamente redundante, pero tiene que ser experimentado de nuevo por cada individuo. Esto nos lleva a las cargas y dificultades que los migrantes tematizan en sus blogs y que tratan de procesar y gestionar escribiendo sus publicaciones y comentarios.

5. Narración de etapas del proceso migratorio como estrategia terapéutica de afrontamiento

En su análisis del uso del tiempo verbal en los lenguajes naturales, que es altamente relevante tanto para la lingüística del texto como para los estudios literarios, Harald Weinrich (1964, 1972) muestra en numerosos ejemplos que el tiempo (del alem.: Tempus) no tiene conexión directa con la representación de la temporalidad en el lenguaje individual. Más bien, el instrumento gramatical tiempo, como un universal lingüístico, pertenece a los medios cuya función de expresión está directamente relacionada con la situación del habla en la interacción:

> Beim Tempus zeigt die Sprache die gleiche Obstination wie bei der Person. Sie wird daher, wenn unsere Überlegungen richtig sind, ebenso starke <vitale> Gründe haben, das Tempus so wichtig zu nehmen und keinen Dispens von der Tempussetzung zu gewähren. Wir leiten ferner aus der Analogie zur Person des Verbs die Vermutung her, daß die Tempora des Verbs möglicherweise auch mit jener elementarsten, aber eben darum auch fundamentalsten Schicht der Sprache zu tun haben, wo es um Kommunikation geht. Auch in den Tempora muß der Lebensnerv der Sprache stecken. Die Tempora der Sprache müssen etwas mit der Sprechsituation zu tun haben, in der Sprache und Welt zusammentreffen. (Weinrich 1964, 25)

> El lenguaje muestra la misma obstinación con el tiempo que con la persona. Por lo tanto, si nuestro razonamiento es correcto, además de tener fuertes motivos (vitales), el tiempo será muy importante y, por lo tanto, no dará ninguna dispensación de la configuración del tiempo. Además, a partir de la analogía con la persona del verbo, suponemos que los tiempos verbales también pueden tener que ver con la capa más elemental, pero también la más fundamental, del lenguaje en lo que se refiere a la comunicación. La vida del lenguaje también debe estar en el tiempo. Los tiempos del habla deben tener algo que ver con la situación del habla en la que el lenguaje y el mundo coinciden. (del alem., en es.: traducción A. C. R.)

Como una función central, el tiempo, continúa Weinrich, expresa la actitud fundamental del orador actual ante lo que se ha dicho i. e. ante el mundo. Esto se puede configurar de dos maneras, a saber, como un mundo discutido, para el cual el hablante asume la responsabilidad de una determinada manera:

> Hier wird die Welt nicht erzählt, sondern *besprochen*. Der Sprecher ist engagiert; er hat zu agieren und zu reagieren, und seine Rede ist ein Stück Handlung, das die Welt um ein Stückchen verändert, den Sprecher aber zugleich um ein Stückchen verpflichtet. (Weinrich 1964, 50)

> Aquí el mundo no es dicho, sino discutido. El orador está comprometido; tiene que actuar y reaccionar, y su discurso es una acción que cambia un poco el mundo y obliga un poco al hablante. (del alem., en es.: traducción A. C. R.)

o como un mundo "narrado" en el que el orador es libre de formar su propia interpretación de la experiencia:

> Es ist für den Charakter einer Erzählung als Erzählung gleichgültig, ob die Geschichte wahr oder erfunden ist. Es ist auch gleichgültig, ob sie häuslich anspruchslos oder literarisch-stilisiert ist. Es ist schließlich gleichgültig, welchen Gattungsgesetzen sie im Einzelnen gehorcht. [...] Das Erzählen ist ein charakteristisches Verhalten des Menschen. Wir können uns zur Welt verhalten, indem wir sie erzählen. (Weinrich 1964, 49)

> Es irrelevante para el personaje de una historia narrativa si la historia es verdadera o inventada. Tampoco importa si la narrativa es poco exigente o literaria-estilizada. No importa qué leyes de género obedece en detalle. (...) La narración es un comportamiento característico del hombre. Podemos relacionarnos con el mundo narrándolo. (del alem., en es.: traducción A. C. R.)

A medida que exploramos las características terapéuticas y los beneficios de los blogs de migración, descubrimos que utilizan tácticas para procesar y manejar experiencias difíciles en los dos estilos lingüísticos de tiempo que encontramos en los bloques de migración. Sin embargo, si bien ya existe una extensa tradición de investigación sobre los logros curativos del modo narrativo, este no es el caso del mundo discutido. Así que comencemos con el modo narrativo, refiriéndonos directamente a los ejemplos del último capítulo.

En la investigación para hacer frente a situaciones difíciles de la vida, experiencias estresantes o traumas, la narración se ha destacado como terapéuticamente efectiva. Así, numerosos estudios de psicoterapia, psicología narrativa, lingüística conversacional clínica y la llamada medicina narrativa (Charon 2008) han demostrado que las personas que sufren los efectos de experiencias estresantes o incluso traumatizantes, encuentran un efecto curativo en la narración, es decir, en la reconstrucción narrativa de estas experiencias, en los procesos de estructuración, y en particular, en el posicionamiento narrativo de las experiencias dentro de la secuencia cronológica de la biografía:

> Das *Versprachlichen von belastenden Erinnerungen* ist im Rahmen der Behandlung von Traumafolgestörungen von großer Bedeutung. Worte für belastende Erfahrungen zu finden, dient der Verarbeitung und im zwischenmenschlichen Kontext natürlich auch der Entlastung. Zudem erfüllt die Versprachlichung eine sinnstiftende und erklärende Funktion. Im Zuge der Verarbeitung des traumatischen Ereignisses wird nach und nach ein Narrativ erarbeitet, dass das Geschehene und die eigenen Reaktionen darauf umfasst und der belastenden Erfahrung einen Platz in der individuellen Lebensgeschichte gibt. Wenn diese Rekonstruktion gelingt, ist das Trauma verarbeitet. (Sack 2015, 150)

> La verbalización de los recuerdos estresantes es de gran importancia en el tratamiento del trastorno traumático. Encontrar palabras para experiencias estresantes sirve para el procesamiento y, en el contexto interpersonal, también para el alivio. Además, la verbalización cumple una función explicativa y significativa. En el curso del procesamiento del evento traumático, se desarrolla gradualmente una narrativa que abarca lo que ha sucedido y las propias reacciones ante él y le da a la experiencia estresante un lugar en la historia de la vida individual. Si esta reconstrucción tiene éxito, se procesa el trauma. (del alem., en es.: traducción A. C. R.)

Este efecto curativo de la narración se puede explicar de varias maneras. Desde un punto de vista lingüístico, Weinrich afirma que el tiempo de la narración nos permite tomar una posición en contra de lo que hemos experimentado y sentido, reaccionar a la par del mundo y comunicar nuestra actitud a los demás, a la vez que negociar con ellos. Como un sistema estructural que opera de acuerdo con reglas colectivamente válidas, el lenguaje, en primer lugar, permite compartir realidades internas y sensibilidades (Bühler 1934). Al mismo tiempo, como vimos en el capítulo 4, el modo de narración nos permite posicionarnos y, por lo tanto, atribuirnos esas cualidades y actitudes que percibimos o quizás deseamos sean elementos positivos de nuestra identidad. Quizás el logro narrativo más importante en este contexto es que moldea la experiencia en un proceso creativo i. e. que se estructura a sí mismo. En comparación con la experiencia real, la experiencia narrada ha pasado por el filtro de la conciencia, que omite muchas cosas y agrega otras:

> Denn alle erzählte Zeit ist *geraffte* Zeit. Jede Raffung […] ist Auswahl, und jede Auswahl ist Deutung. Wir sind weit von der physikalischen Zeit entfernt! (Weinrich 1964, 57)

> Porque todo el tiempo dicho es tiempo acumulado. Cada acumulación (...) es una selección, y cada selección una interpretación. ¡Estamos lejos del tiempo material! (del alem., en es.: traducción A. C. R.)

Es precisamente el diseño narrativo de experiencias lo que permite a los migrantes blogueros, así como a los pacientes con trauma, reproducir lo que les ha ocurrido de una manera que refleje su interpretación actual y la noción que desean transmitir de sí mismos. A través de este proceso de filtrado, la actitud de la narración crea simultáneamente una distancia segura, una distancia de la experiencia narrada, y también una distancia emocional:

> Die Schrecklichkeit des erzählten Ereignisses färbt offenbar nicht oder kaum auf die Situation ab, die als Erzählsituation prinzipiell *entspannt* bleibt. Die schrecklichen Ereignisse werden, auch wenn sie erst einen Tag zurückliegen, durch die Erzählung gefiltert und um ein Beträchtliches entschärft. (Weinrich 1964, 49s.)

> Obviamente, el horror del evento narrado afecta ligeramente o nada la situación, que en principio permanece relajada como una situación narrativa. Los terribles eventos, incluso si solo ocurrieron hace un día, se filtran a través de la narrativa y se desactivan en una cantidad considerable. (del alem., en es.: traducción A. C. R.)

Desde el punto de vista de la investigación de la memoria, el logro más importante de narrar (y de volver a contar) experiencias estresantes es la posibilidad de cambiar los contenidos de la memoria, que podrían almacenarse solo en fragmentos y no en la memoria a largo plazo, especialmente en situaciones de ansiedad o estrés, mediante adiciones asociativas y reconstrucciones dirigidas. Al integrar la experiencia almacenada fragmentariamente en una estructura racional, e. g. en los procesos cronológicos de la propia biografía, al consolidar los contenidos ya existentes de la memoria a largo plazo, la experiencia narrada se puede reconstruir y, por lo tanto, integrar en los otros contenidos de esta memoria (Sack 2015, 151s.).

Esta capacidad integradora para narrar es explotada, en particular, por la llamada terapia de exposición narrativa (Schauer / Neuner / Elbert 2005, Neuner / Schauer / Elbert 2009). Una persona traumatizada en un sentido clínico es inicialmente incapaz de decir:

> Sie ist noch nicht aus der traumatischen Szene heraus getreten; es hat, im wörtlichen Sinn, keine Ex-Position stattgefunden. Die Person selbst ist vielmehr das Trauma. Eine räumliche Verortung und zeitliche Vergeschichtlichung hat nicht stattgefunden. (Neuner / Schauer / Elbert 2009, 303)

> Ella aún no ha salido de la escena traumática; en el sentido literal, no ha tenido lugar ninguna ex-posición. La persona misma es el trauma. No se ha producido una localización espacial ni una historia temporal. (del alem., en es.: traducción A. C. R.)

La terapia de exposición narrativa, fundada por los psicólogos de las ciudades alemanas de Constanza y Bielefeld, alienta específicamente a las personas que sufren de trastorno de estrés postraumático a contar su biografía bajo supervisión (Schauer / Neuner / Elbert 2005):

> Die Narrative Expositionstherapie baut auf der Erkenntnis auf, dass eine erfolgreiche Traumatherapie letztlich die Korrektur der Gedächtnispathologie erfordert. [...] Erst wenn die frei flottierenden bruchstückhaften Bilder, Geräusche und Gefühle in den räumlichen und zeitlichen Kontext der Biografie eingeordnet werden, kann das Trauma als Geschichte und nicht als gegenwärtige Bedrohung erinnert werden. Der

Therapeut stellt sich als engagierter und einfühlsamer Zuhörer zur Verfügung, der aktiv dabei hilft, gerade die grauenhaftesten Details der Erinnerung in Worte zu fassen und in eine erzählbare und verstehbare chronologische Narration zu fügen. (Catani / Neuner in press)

La terapia de exposición narrativa se basa en la comprensión de que una terapia exitosa para el trauma en última instancia requiere la corrección de la patología de la memoria. (...) Solo cuando las imágenes fragmentarias, los sonidos y los sentimientos que flotan libremente se clasifican en el contexto espacial y temporal de la biografía, el trauma se puede recordar como una historia y no como una amenaza presente. El terapeuta se presenta a sí mismo como un oyente dedicado y empático que ayuda activamente a poner en palabras solo los detalles horripilantes de la memoria y a una narración cronológica comprensible y narrativa. (del alem., en es.: traducción A. C. R.)

Lo que tiene un efecto curativo en los pacientes traumatizados también tiene un efecto terapéutico para los migrantes que están expuestos a las estructuras inmutables de la ruta de migración institucionalizada y están expuestos repetidamente a situaciones de carga emocional en numerosas etapas de este curso.

También para los migrantes de los blogs, la función principal de la narración terapéuticamente efectiva es la integración exitosa de experiencias difíciles de procesar en la propia historia de vida, y así crear la base para concebir esto como un contexto de identidad coherente:

Die Narrativierung der traumatischen Erfahrung und ihre Einordnung in einen historischen, soziokultuerellen und lebensgeschichtlichen Kontext dienen dem Ziel der Aneignung und Integration der heterogen erlebten Erfahrung. Durch die Einbettung in die eigene Erfahrungsgeschichte wird die Traumaerfahrung implizit oder explizit mit Bedeutungen für die eigene Biografie und Identität versehen. [...] Im Zusammenhang damit werden häufig auch persönliche Werthaltungen und Überzeugungen, normative Vorstellungen und Glaubenssysteme thematisiert, die gewissermaßen an der Trauma- oder Verlusterfahrung evaluiert und konturiert und damit bekräftigt oder zurückgewiesen werden können. Die Bedeutungszuschreibung ermöglicht so auch die Vermittlung wichtiger Identitätsaspekte. (Scheidt / Lucius-Hoene 2015, 27)

La narración de la experiencia traumática y su clasificación en un contexto histórico, sociocultural y biográfico sirven para apropiarse e integrar la experiencia experimentada heterogéneamente. Al incorporar la experiencia del trauma en la propia historia de la experiencia, se le proporciona implícita o explícitamente un significado para la propia biografía e identidad. (...) En relación con esto, los valores personales y las convicciones, las ideas normativas y los sistemas de creencias a menudo están tematizados, los cuales pueden ser evaluados y contorneados, por así decirlo, en la experiencia de trauma o pérdida y, por lo tanto, afirmados o rechazados. La atribución de significado permite también transmitir aspectos importantes de la identidad. (del alem., en es.: traducción A. C. R.)

Como vimos en los capítulos anteriores, el poder de creación de identidad de la narración en los blogs de migración no se trata solo del autor en sí, sino de toda la comunidad. Los lectores imaginados sirven a los blogueros como una contraparte necesaria, cuya existencia en primer lugar resulta en procesamiento narrativo de la propia experiencia. Por lo tanto, los comentarios afirmativos, complementarios y alentadores publicados regularmente también juegan un papel importante en el procesamiento de experiencias difíciles. Sin embargo, a diferencia del terapeuta, los autores de los comentarios están directamente involucrados en el proceso de migración. También comparten las sensaciones subjetivas asociadas con las experiencias, en otras palabras, literalmente sufren.

Nuestro primer ejemplo del poder curativo de la narrativa de experiencias estresantes proviene, por una vez, de un blog francés. Sirve como una especie de lámina para el siguiente ejemplo del corpus de blogs latinoamericanos. Ambas publicaciones explican el examen médico obligatorio, una de las etapas de migración que aparecen regularmente en estos blogs. La reconstrucción narrativa de este episodio, que todos los migrantes deben vivir, destaca, sobre todo en los blogs de migrantes franceses, las investigaciones que se perciben como agotadoras, costosas y también humillantes (Frank-Job / Kluge 2012, 60ss.). Una forma de narrar y experimentar esta experiencia narrativamente es usar la ironía y el sarcasmo. Este es el caso en un blog de un migrante francés que quiere emigrar a Quebec con su esposa y dos hijos pequeños (Blog fr, 31.07.2005):

Visite médicale

C'est le 27 juillet 2004 que toute la famille a eu rendez-vous pour la visite médicale chez le Dr [nombre propio]. Voiçi donc le déroulement de notre journée…

Nous arrivons donc à 14h rue du Colisée, à coté des Champs-Elysées. Nous y sommes restés 1h30 pour 2 adultes 1 enfant et 1bébé de 22 mois.

C'est Coco qui s'y colle la première, euh !!! avec Paul, car quand une certaine distance le sépare de sa mère, une "alarme" naturelle se déclenche.

Puis c'eusse été au tour de Cynthia, no problemo, et enfin mon tour, qui fût torché en à peine 10mn. Nous voiçi donc alléger de 250€

Passage à la Radiologie. Après avoir remonté les Champs-Elysées sous le soleil, à vitesse assez rapide, à pied, en pouss pouss pour le petit dernier (veinard !!) et accompagné des "moins vite, j'ai mal aux jambes" que notre pauvre petite puce nous implorait. Nous arrivons juste à l'heure, nos 2 radios ont été faites en 15mn maxi. Et tac ! 70€ ´

En route pour le laboratoire d'analyses.

On commence par Cynthia pour l'examen d'urine, Coco reste à ses cotés 10mn dans les toilettes.........en vain, puis vient mon tour, prise de sang (qu'il est beau le plafond au dessus de la chaise du patient à qui on prélève du sang !!!), puis examen d'urine. Vient au tour de Coco, no problemo. On retente alors pour Cynthia, à mon tour de rester 10mn dans les toilettes à ses cotés...toujours rien.

L'heure tourne, comment faire ? bon, nous optons pour une escapade au fast food du coin pour gouter (accompagné de 50cl d'eau pour la puce).

Après 20mn de promenade sur les Champs, nous retournons au labo. Coco réessaye pendant que je calme Paul dont l'alarme s'est déclenchée. Au miracle, ma fille reviens heureuse d'avoir rempli de 3 gouttes son bocal. « Bon !! ça ira ! » nous a répondu l'assistante médicale. coût 91,53€

Enfin, nous retournons dans notre véhicule, pour enfin arriver 1h15 plus tard dans notre "home sweet home". Et là, vous ne devinerez jamais, ma fille sort de la voiture en pliant les jambes "papa vite, je veux faire

pipi" !!!!!

Chequeo médico

Fue el 27 de julio de 2004 cuando toda la familia tuvo una cita para el examen médico en la casa del Dr. [nombre propio]. Así que aquí está el progreso de nuestro día.....

Llegamos a las 14h rue du Colisée, al lado de los Campos Elíseos. Estuvimos allí durante 1h30 para 2 adultos, 1 niño y 1 bebé de 22 meses.

Es Coco quien se pega primero, uh!!!! con Paul, porque cuando una cierta distancia lo separa de su madre, se activa una "alarma" natural.

Entonces habría sido el turno de Cynthia, no problemo, y finalmente mi turno, que fue borrado en sólo 10 minutos. Y ahora estamos aquí, aliviados de 250€.

Transición a la Radiología. Después de subir los Campos Elíseos bajo el sol, a una velocidad bastante rápida, a pie, empujando para el último (¡qué suerte!) y acompañado por el "más lento, tengo dolor de piernas" que nuestra pobre pulga nos estaba implorando. Llegamos justo a tiempo, nuestras 2 radios fueron hechas en 15 minutos maxi. Y tac! 70€

De camino al laboratorio de análisis.

Comenzamos con Cynthia para el examen de orina, Coco se queda a su lado 10 minutos en el baño.................. en vano, luego viene mi turno, la muestra de sangre (¡qué bonito el techo por encima de la silla de la paciente de la que se extrae la sangre!), luego el examen de orina.

Coco, no hay problema, es la siguiente. Luego intentamos de nuevo para Cynthia, a mi vez para quedarnos 10 minutos en los baños al lado de ella... todavía nada.

El tiempo corre, cómo hacerlo.... Bueno, optamos por una escapada a la comida rápida local al gusto (acompañado de 50 cl de agua para la pulga). Después de una caminata de 20 minutos por los Campos, regresamos al laboratorio. Coco lo intenta de nuevo mientras yo calmo a Paul, cuya alarma sonó. Milagrosamente, mi hija regresa feliz de haber llenado su frasco con 3 gotas. "¡¡Muy bien!! ¡Está bien! "contestó el asistente médico. costo 91,53€.

Finalmente, volvemos a nuestro vehículo, para finalmente llegar 1h15 más tarde a nuestro "hogar dulce hogar". Y entonces nunca adivinarás,

mi hija sale del coche doblando sus piernas "Papi, rápido, quiero mear" !!!!!

El formato lingüístico seleccionado aquí (narración en tiempo presente, división en secciones separadas por tiempo y tipo de examen, lista de costos, comentarios divertidos-irónicos) le da al lector una visión inmediata de los eventos en su orden cronológico y al mismo tiempo permite la puesta en escena de la experiencia como una interferencia colectiva de la institución en el ámbito privado de la familia. Como la mayoría de las narraciones de visitas al médico, el autor es estrictamente cronológico y la hora exacta del día divide los informes en secciones. Cada una de estas secciones incluye la descripción (o incluso una breve mención) de una investigación y, a su vez, se completa con cifras exactas, es decir, la duración exacta de la investigación y la indicación de la suma a pagar por la investigación en cuestión. La indicación de los costos de los exámenes individuales (no reembolsados por los fondos de seguro de salud y, por lo tanto, considerados por los migrantes, escandalosamente altos) sirve, por un lado, para proporcionar la información exacta a las personas interesadas que desean emigrar. Por otro lado, la secuencia regular de números y secciones enfatiza la gran cantidad de exámenes individuales y los costos asociados, y expresa su enojo por ellos. La sincronización en las narraciones resalta la extraordinaria duración de todo el estudio y, por lo tanto, el estrés que enfrentan los migrantes. De esta manera, el lector puede comprender los numerosos comentarios emocionales insertados de los blogs. Después de todo, las dos ilustraciones, así como las reproducciones de habla directa insertadas repetidamente, sirven para ilustrar y dramatizar la narrativa.

La reconstrucción escénica del "Visite médicale" permite al autor del blog francés procesar el sentimiento de degradación causado por la multitud de exámenes médicos necesarios, al presentar el proceso como una comedia absurda e incluso como hilo conductor de la narrativa las dificultades con la muestra de orina de la hija pequeña. La frase clave que presta al final de su historia ya no tiene lugar durante la visita médica, es decir, durante el contexto prescrito institucionalmente del examen médico, sino al llegar a casa, a la familia. La etapa prescrita del *parcours* es, por lo tanto, parte de la historia familiar: la experiencia estresante o incluso molesta es clasificada en el contexto de una anécdota divertida sobre la niña.

La narración de la misma etapa por una bloguera latinoamericana en el siguiente ejemplo es mucho menos dramática. Su narrativa parece esforzarse por minimizar las pesadas cargas que han surgido durante las largas investigaciones y, sin embargo, su comentarios, una y otra vez intercalados, muestran cuán humillante y estresante fue la situación para ella (Blog 13, marzo 2009, énfasis mío):

Los exámenes médicos

Como algunos ya se pudieron dar cuenta gracias al post de "timing" el pasado lunes 2 de marzo estuvimos en Bogotá practicándonos los exámenes médicos. Nos fue muy bien, viajamos el domingo a las 22 h por berlinas, llegamos a Bogotá a las 7 h y a las 8 h ya estábamos en el consultorio del Dr. [nombre propio]. Fue el primer consultorio al que llamamos el viernes y nos dieron la cita para las 15 h del lunes. A esa hora (las 8 h) nos tomaron fotos (quedamos chistosos por aquello del viaje y de las carreras) pero luego nos dimos consuelo con [nombre propio] :p difícilmente quedaríamos peor que ella jajajaja, pagamos el valor de los exámenes y de la cita, enseguida nos tomaron muestras de sangre y orina. (Consejo: vayan tempranito desayunaditos; pero sin hacer chichi. Así sale rápidito todo y les va bien como a nosotros).

Nos dieron unas órdenes para ir a radiología en otra dirección, nos fuimos caminando hasta allá ya que no teníamos gran cosa por hacer, llegamos al sitio después de caminar 24 cuadritas no más, a esperar a que nos llamaran para practicarnos la dichosa radiografía. Nos dieron unas batas para cubrir la desnudez de la cintura hacia arriba. Menos mal que eso es bien rápidito porque aún con esa bata **yo me sentía empelota**.

Bueno almorzamos un corrientazo por ahí cerquita y a esperar que nos entregaran los resultados. Como se demoraron dos horas en entregarlos nos devolvimos las 24 cuadritas en taxi para llegar a tiempo y sin cara de fatigados a la cita con el doc.

Llegamos a las 14h 30m más o menos y no tuvimos que esperar mucho. Primero nos pasaron a unas cabinas para -adivinen...- otra vez empelotarnos y ponernos una batica azul, **ya le estoy cogiendo práctica a eso**.

Y pues bien, nos miden, nos pesan, nos espichan la barriga, **nos palpan la garganta como buscando pepitas de oro**, un par de preguntas y eso es todo. C'est fini. (...)

Pero bueno, lo importante es que nadie puede decir que no somos juiciosos!

La perspectiva de las investigaciones como extenuante y degradante, como se sugiere en los comentarios breves, reaparece en la evaluación final, cuando los migrantes se clasifican irónicamente como "juiciosos". Incluso si la reconstrucción narrativa aquí no tiene ninguna burla o distanciamiento irónico a los eventos, es casi claro entre las líneas que esta fue una experiencia desagradable.

En los muchos comentarios que recibe la bloguera (más de 20 comentarios y algunos de ellos son contestados por ella), los lectores expresan su propio temor a los exámenes médicos, felicitando a la bloguera por haberlos superado. Sin embargo, algunos de ellos también hacen comentarios sarcásticos sobre la naturaleza de estos exámenes, como se ve en el siguiente ejemplo (blog 13, 16.3.2009, comentario 4):

> Que emoción haber salido de eso!!!
>
> Se quita uno un peso de encima además sirve para saber que estamos sanitos!!!

En el "nosotros" que incluye a todos los migrantes y en el comentario irónico, el examen de salud pública se clasifica como una imposición que une a la comunidad para tener que soportarlo.

Al igual que en la interacción entre el paciente y el terapeuta, la preocupación de apoyo de los demás miembros de la comunidad también es un requisito previo esencial para los efectos terapéuticos de las narraciones de los bloggers. Así termina el comentario irónico de la narración que acaba de citar con un gran estímulo, en el que se enumeran las pocas etapas aún por completar y se da esperanza a la bloguera de un final temprano para la larga espera:

> Ya pasaste lo peor, ahora es la espera de los pasaportes. No te lo niego, la espera es dura, pero veras que pronto tendrás tus pasaportes en mano y alistando tus cosas para emprender el viaje!
>
> Estaré MUY pendiente de lo que pase con tus cosas!!
>
> Un abrazo

En el siguiente ejemplo, otra bloguera habla de una situación particularmente estresante: después de haber informado a su familia sobre su plan para emigrar, resulta que la hermana y el cuñado de la bloguera tienen problemas de salud y, por lo tanto, necesitan su apoyo más que nunca (Blog 3, 02.10.2009):

> Hace unos días le comentamos el proyecto de irnos a una parte de la familia que todavía no lo sabía y no lo tomaron muy bien.... pero no nos hicieron preguntas así que todavía no sabemos realmente que es lo que les molesta de nuestra decisión (...)

> Realmente me hubiese gustado poner un poco más de energía en esta cuestión familiar pero por desgracia o por cuestiones de destino, recibimos una noticia que nos tiene muy preocupados... mi hermana y mi cuñado están pasando por un momento difícil de salud y necesitan más que nunca de nosotros, así que hoy toda nuestra energía, esperanza, y rezos están totalmente dirigidos a ellos, por eso dejamos un poco de lado lo demás... (...)

Desde el punto de vista de su proceso de migración, ella considera que la carga personal es un aplazamiento y un período en el que todas las proyecciones futuras de las próximas etapas del curso se cancelan a favor de centrarse en la familia. Con la atención de la enfermedad del cuñado, "la energía, la esperanza y los rezos" se alejan de su propio camino migratorio, de regreso al presente.

> Interesante es ahora el final del post. Allí, se disculpa con los lectores y les agradece expresamente su lectura, ya que a ella le ha servido como terapia:

> perdón por aburrirlos pero buehh si llegaron al final de mi post se los agradezco.... a mí me sirvió como terapia...

Obviamente, el proceso de escritura en sí mismo y el conocimiento de que los lectores han tomado nota de sus propios problemas, i. e. su propio método de procesamiento, ya aparece aquí. De hecho, los lectores responden con comentarios detallados en los que dan consejos generales desde su propio punto de vista como migrantes. La primera comentarista da consejos apropiados sacados de otro blog de migración y trata su propia situación, ya que ella misma tiene un dilema similar. Así, ella generaliza para todos los migrantes el problema de no ser comprendida y muestra con su propio ejemplo que la actitud reacia de los familiares puede cambiar positivamente en el curso del proceso de migración:

> Hace tiempo leí en un blog que no hay que esperar que todos nos comprenda, cada uno tiene su propia historia, sus antecedentes y su forma de ver la vida; claro que cuando la incomprensión viene de nuestra sangre la cosa como que duele.

> La verdad cuando lo leí poco lo comprendí, hay que vivirlo, sentirlo para comprenderlo, lo importante es estar preparado para que las cosas sucedan así.

> Al principio del proceso pocos nos entendían, es más nos miraban con cara de "éstos están locos", aquí vivimos muy bien, bueno, eso es un decir...digamos que tenemos una situación económica y profesional aceptablemente estable (lo cual para los tiempos de hoy es como sacarse la lotería)pero te cuento que con el tiempo varios de nuestros parientes nos han dado completamente la razón sobre todo porque las cosas se están poniendo demasiado rojas por estos rumbos, es más, te podría decir que varios nos envidian (sobre todo los más jóvenes) y eso de que el tiempo cura las heridas es verdad, mis padres que al principio tomaron muy mal nuestros planes ahora que el momento se acerca nos apoyan totalmente y - créeme que eso es una gran bendición y ayuda impagable.

El resultado es una imagen de la comunidad migrante en la que se comparten las mismas preocupaciones y problemas, así como sus soluciones.

El proceso de edición interactiva es percibido por los blogueros y por sus comentaristas como "curativo". Dado que las experiencias narradas son etapas casi exclusivamente transitorias de la migración, éstas son compartidas por cada migrante de manera individual, por lo que el efecto terapéutico del procesamiento lingüístico de esta experiencia también puede beneficiar a los migrantes que participan como lectores y comentaristas en el blog. También expresado en numerosos comentarios (Blog 8, 2.11.2005, comentario 3, énfasis mío):

> Hola. No sé quiénes son, los encontramos por la web, pero quiero decirles **que ustedes con sus historias nos han ayudado mucho**, nos **dan**

valor de seguir adelante, leer sus notas es como leer también lo que nos está pasando y lo que estamos sintiendo. Gracias.

(Blog 8, 2.11.2005, comentario 4, énfasis mío):

Hola somos[nombre propio] y [nombre propio], los felicitamos por el blog, nos **han dado mucho ánimo** para empezar el proceso de inmigración a Quebec (...).

Finalmente, llegamos a otra táctica que permite a los migrantes en sus blogs trabajar y manejar experiencias difíciles y pensamientos estresantes. Esta táctica ya no usa el tiempo del "mundo narrado", sino que usa las posibilidades del mundo discutido. Así, las experiencias no se reconstruyen desde la distancia del narrador, pero se trata de la reconstrucción lingüística de los procesos de reflexión y cognición, declaraciones de cuya racionalidad los autores asumen toda la responsabilidad al dejar claro a ellos mismos y a sus lectores que su preocupación está en juego, o como lo expresa Weinrich (1964, 51) : "Tua res agitur".

Estos son procesos de reflexión sobre las propias acciones y la propia situación como migrante, sus condiciones y consecuencias. Estos procesos de reflexión se benefician de la función epistémica que aclara el pensamiento de la escritura. Y al igual que con las narraciones, su uso y efecto terapéutico no se limita al bloguero, sino que se aplica a todos los involucrados en la interacción.

En un post detallado titulado "Vale la pena?", El autor del Blog 8 (2.11.2005, extracto) describe sus pensamientos y dudas sobre si vale la pena todo el esfuerzo por la migración. Entre otras cosas, escribe en este post sobre la reacción negativa de su familia y la de su esposa a sus planes de emigración:

Mi madre me dijo que nosotros éramos muy arriesgados, ella no está de acuerdo, de hecho, casi nadie en la familia está de acuerdo, la familia de [Eigenname] pensó que era broma, pero creo que cada vez más se convencen de que estamos decididos. Tal vez, la respuesta a la pregunta [la pregunta está en el título del post] nos la den nuestros hijos, no nosotros mismos.

El hecho de que las reacciones negativas de las familias agobien a los migrantes en su proyecto es claro en el contexto del post, lo que plantea la cuestión del significado del proceso de migración. En un comentario más largo, un lector ahora comparte sus propias reflexiones sobre este tema:

> [nombre propio], es muy difícil que los parientes comprendan nuestra decisión, pero sobre todo los padres...,por supuesto que a ellos no les agrada la idea que sus polluelos se alejen y sobre todo a un lugar tan lejano y desconocido como Canadá.
>
> Mira, yo estoy haciendo lo siguiente (es un jueguito mental para no agobiarme tanto con eso de que: y se me estoy equivocando? y si allá no es tan promisorio como lo pinta? y si lo mejor sería quedarme donde estoy con mi cultura, con mi familia, con mis amigos, con mi paisaje?): voy a Canadá, aprendo el idioma o los idiomas, mis hijos también aprenden el idioma, conocemos otro país, trabajamos (ya sabemos que allá no nos vamos a morir de hambre), probablemente podamos inclusive ahorrar un poco (cosa que en mi país es imposible) y si luego de todo no nos gusta, nos regresamos a nido familiar en país de origen dentro de 4 o 5 años, pero eso sí con la ciudadanía bajo el brazo (para que nuestros hijos dejen de ser ciudadanos de quinta ante el mundo, además que les abrimos las puertas para cuando ellos quieran emigrar como nosotros ya no les cueste lo que nos está costando a nosotros ahora). Así que no te agobies tanto con eso de que si vale la pena o no. Somos gente joven, tómalo como si te estuvieras yendo a estudiar al extranjero: vas a estudiar idiomas, culturas, formas de trabajo, probablemente vas a estudiar algo de tu profesión también. Y si al final no funciona te regresas.
>
> Sería interesante que les dijeras eso a tu familia también, así los tranquilizas y probablemente te comprendan un poco más.
>
> Ánimo¡¡¡

La comentarista le proporciona al bloguero una serie de argumentos que no solo sirven para disipar sus propias dudas sobre el proyecto de migración, sino que también pueden utilizar en su conversación con su familia para tranquilizarlos. Estas consideraciones, que ella misma llama un "jueguito mental", obviamente se aplican a su propia situación de la misma manera. El hecho de que puedan ser transferidos directamente al caso del bloguero demuestra una vez más que todos los migrantes en la comunidad tienen experiencias, experiencias y problemas similares, de modo que también pueden encontrar reflexiones sobre soluciones similares, y así resolver sus problemas juntos.

El autor de Blog 8 agradece este consejo con las siguientes palabras (blog 8, 2.11.2005, comentario 2):

> [nombre propio], muchísimas gracias por tus comentarios, realmente me parece muy bien poder tomar las cosas de esa manera, ya que no lo había visto de esa forma, voy a buscar poner este consejo en práctica. Saludos.

Al hacerlo, acepta el pensamiento y el razonamiento sugeridos en el comentario para resolver su propio problema.

Nuestro ejemplo final muestra el poder curativo de la reconstrucción lingüística, con el cual se comprende y se comunica un proceso cognitivo, que fue desencadenado por una situación emocionalmente estresante. Nos devuelve a la situación de prototipo estresante que afecta a todos los migrantes de la comunidad comunicativa de la blogósfera latinoamericana, a la espera de un documento oficial que permita la siguiente etapa. Se trata de esperar nuevamente a las órdenes médicas y el tema del post es la descripción de la propia preocupación emocional. La inmigrante expresa su creciente desesperación ante el hecho de que está completamente indefensa en la espera. Su conocimiento sobre el hecho de que muchos otros migrantes han vivido las mismas experiencias en las mismas condiciones (las ha vivido o las están atravesando), no cumple la función de poder tolerar mejor la situación a través de un sentimiento de pertenencia a una comunidad del destino. Por el contrario, este conocimiento refuerza incluso los temores de tener que esperar aún más:

> Esta semana se cumplen 7 meses que obtuve mi CSQ y entregué mis documentos al gobierno federal de Canadá, aún no tengo respuesta de las órdenes médicas, lo cual sería el próximo paso a seguir.

> Es una desesperación que pareciera interminable, **sé por experiencia de otras personas que es una incertidumbre muy grande** estar a la

espera de estas órdenes, porque cada día aumenta más mis ganas de irme y de concretar el ideal de comenzar una nueva vida en Québec; especialmente, cuando en mi país las cosas lucen cada vez más ajenas y lejanas a mi anhelo.

No sé cuánto durará esta espera, **porque me enteré de una persona que esperó por un año y honestamente no me gustaría pasar por lo mismo**; si ese es mi destino lo aceptaré pero siento que no lo es. (Blog 12, 7. April 2007, énfasis mío)

La consecuencia de estas consideraciones en el momento de la espera es un sentimiento de desesperanza personal e inseguridad:

Seguiré en esta espera que me comienza a desesperar (ib.)

En la siguiente entrada del blog, que publica dos semanas más tarde, y que a su vez contiene una reflexión sobre su actitud hacia el período de espera forzada, ahora comienza a asignar un nuevo significado a este período. Bajo el título "Aprovechar el Tiempo, ella casi literalmente retoma sus reflexiones desde el primer post (ver la discusión detallada del ejemplo en el capítulo 2) y describe su reinterpretación del tiempo de espera como un tiempo de preparación para su nueva vida futura:

Después de reflexionar un poco sobre esta larga espera por las ordenes médicas, llegué a la conclusión que todo tiene su razón de ser y lo mejor que puedo hacer es aprovechar este tiempo de mejorar mi francés, ahorrar y de prepararme mejor para la nueva vida que deseo tener en Montreal. (Blog 12, 24. April 2007)

Sin embargo, en este post posterior sus reflexiones van más allá. Ella hace referencia a un artículo que ha leído sobre esperar en la vida en general (nombra su título, pero no está vinculado a la página. Es un artículo de una página de guía esotérica). Con la nota adjunta sobre el significado de los nueve meses de embarazo como un tiempo de preparación útil para los padres que esperan en general, se aconseja aquí utilizar los tiempos de espera para eventos importantes en la vida como el tiempo significativo de la preparación:

It could be argued that life is more about the time spent waiting for something to happen than it is about something happening. What this means is that the big events in our lives are preceded by many days and nights of dreaming, planning, organizing, and waiting. The times of waiting in between the big events actually constitute the majority of our lives. These in-between times are anything but uneventful. In fact, they are rich with possibility and filled with opportunities for reflection and preparation. Like a pregnant woman awaiting the birth of her child, we have a finite period of time in which to prepare internally and externally for the upcoming event that will define a new chapter in our lives. (…)

Nature provides the expectant parents with this time so that they can prepare the nest. This preparation plays out on many levels. Materially, a space must be created in the home and resources must be set aside for the baby's future; psychologically, a shift must occur in which the psyches of both parents agree to be responsible for a new life in the world; and emotionally, the heart must open wider to embrace and fulfill a new love.

(www.dailyom.com/cgi-bin/display/articledisplay.cgi?Aid=7532)

Se podría argumentar que la vida se trata más del tiempo que se tarda en esperar a que suceda algo que de lo que sucede. Lo que esto significa es que los grandes eventos en nuestras vidas están precedidos por muchos días y noches de soñar, planificar, organizar y esperar. Los tiempos de espera entre los grandes eventos en realidad constituyen la mayoría de nuestras vidas. Estos tiempos intermedios son cualquier cosa menos libres sin incidentes. De hecho, son ricos en posibilidades y están llenos de oportunidades para la reflexión y la preparación. Al igual que una mujer embarazada que espera el nacimiento de su hijo, tenemos un período de tiempo finito para prepararnos interna y externamente para el próximo evento que definirá un nuevo capítulo en nuestras vidas. (…)

La naturaleza proporciona a los futuros padres este tiempo para que puedan preparar el nido. Esta preparación se desarrolla a muchos niveles. Materialmente, se debe crear un espacio en el hogar y los recursos deben reservarse para el futuro del bebé; psicológicamente, debe ocurrir un cambio en el que las psiques de ambos padres acepten ser responsables de una nueva vida en el mundo; y emocionalmente, el corazón debe abrirse más para abrazar y cumplir un nuevo amor. (del en., en es.: traducción A. C. R.)

La bloguera ahora transfiere la metáfora del embarazo como un tiempo de preparación para su propia situación en el proceso de migración. Pero a diferencia de la autora de la guía, ella no relaciona el contenido de la preparación con los futuros padres que necesitan tiempo para "construir un nido", ajustarse internamente a sus nuevas responsabilidades y emocionalmente ajustarse a una nueva relación de amor, sino que ella se identifica con el embrión y su desarrollo hasta el nacimiento:

> Es como en un artículo que leí - Exploring Our Readiness, In-Between Times - que todo tiene su tiempo y un ejemplo que daban era los meses de gestación, es necesario que un ser humano dure 9 meses en el vientre de su madre para que se le desarrollen todos sus sistemas físicos y esté preparado para la vida fuera del vientre.

Luego transmite la imagen del desarrollo prenatal al crecimiento de una planta: desde su germen invisible debajo de la tierra a través de su crecimiento gradual hasta su trasplante en el suelo adecuado para crecer allí como un árbol. Las consideraciones verbales se complementan con una representación pictórica del crecimiento de la planta:

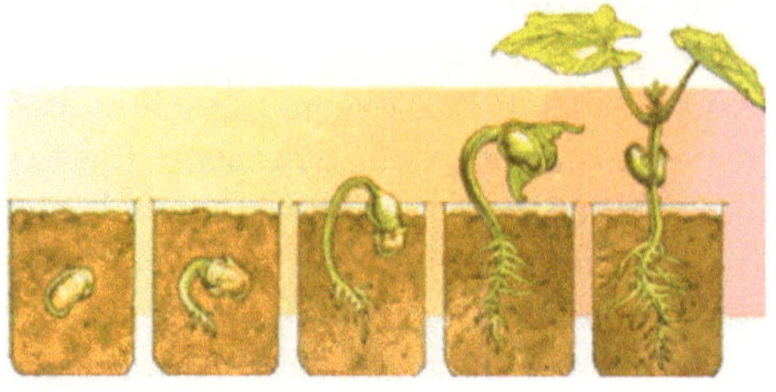

> En estos momentos creo que estoy como en la etapa de germinación, donde la semilla apenas está abriéndose para sacar sus raíces y tallo, luego irá creciendo poco a poco y posteriormente llegará el momento de ser trasplantada la pequeña planta a el lugar donde crecerá como un árbol. (ib.)

El tiempo presente del mundo discutido aparece aquí como un formato adecuado para reflexiones prometedoras sobre la percepción temporal y el concepto de temporalidad, que tienen consecuencias considerables para la propia vida. Aquí nuevamente reconocemos la táctica del actor cotidiano, que le permite adquirir el tiempo de espera prescrito ineludiblemente para reinterpretarlo productivamente en un acto creativo de significado.

Al hacerlo, está a merced de una duración impredecible y, por lo tanto, no controlable racionalmente del período de espera y se impacienta e irrita por ello para procesarlo y reinterpretarlo de manera tan racional, que no solo la salida de la emoción negativa tiene éxito, sino que incluso puede ganar fuerza positiva. Desde un tiempo de espera sin sentido, el propio reflejo se convierte en un momento de maduración, de ser cada vez más fuerte, una evolución que permite una nueva vida.

Al final del post, la bloguera reitera un giro preformado a la temporalidad, presentando esta vez como su propia visión:

> Por lo tanto tengo la certeza que este tiempo de espera tiene su razón de ser. (ib.)

De esta manera, el proceso significativo que ella describe al lector se convierte en una conceptualización general del tiempo en el contexto del proceso de migración y, por lo tanto, en un elemento de formación de identidad para la comunidad de comunicación de los migrantes como un todo: En la imagen de la planta que emerge del germen invisible y finalmente es trasplantada a un entorno en el que puede crecer para convertirse en un árbol fuerte, la bloguera elabora una imagen del período de migración que se ha distanciado por completo de la imagen del *parcours d'immigration* en el discurso de la política de inmigración oficial, Para dar cabida a la idea de desarrollo natural y crecimiento libre.

El autor de blog 10 se expresa aún más claramente cuando compara todo el proceso de migración con una psicoterapia que permite una redefinición completa de la propia identidad (blog 10, 04.02.2005; énfasis mío):

> **La migración es una de las pocas circunstancias en la vida que permite reinventarse completamente como individuo**, algo así como una psicoterapia que al final es exitosa (nadie dijo fácil, dije exitosa). Piense que poca gente en este mundo tiene la posibilidad de reinventar su vida, y piense que poca gente tiene la posibilidad de emigrar a un país como Canadá. (...)

Y ciertamente es más que una simple coincidencia cuando él, el bloguero de migración latinoamericano más conocido, termina este pensamiento con la expresión:

Ahora tiene la posibilidad de re-escribir toda la novela de vuelta.

6. Epílogo

> era una decisión de cambio total de vida, de país, de estado civil, de idioma, de trabajo....de TODO.......Radicalmente. (Blog 1, enero 2009, sin fecha)

> Tengo la sensación de que nada es lo mismo después de la decisión de emigrar. Realmente uno, si está de veras vivo, cambia. Y emigrar es un baldazo de cambios. (Blog 7, 1.11.2006, commentario)

La decisión de emigrar a otro país cambia casi todo en la vida de una persona. Por lo tanto, en los capítulos anteriores, cuando pensamos en el tiempo, su percepción, reflexión y la configuración lingüística de los migrantes, seleccionamos arbitrariamente un aspecto único de esta totalidad de cambios para utilizar este ejemplo para comprender así las estructuras que cambian. La comunicación de los actores genera las construcciones y reconstrucciones de la temporalidad dentro del proceso de emigración que se transmiten lingüísticamente y, por lo tanto, son observables. Entonces, el tiempo es solo una parte de la gran cantidad de cambio.

En este extracto, se ha demostrado en los capítulos anteriores que los procesos narrativos y los procesos de verbalización interactiva de la comunicación del blog revelan estructuras relacionadas con la situación biográfica especial de los migrantes. La inmigración a Quebec se rige por un conjunto de reglas y regulaciones que el Departamento de Inmigración establece para todos los migrantes. En el centro de este orden están los parcours, que constan de numerosas etapas individuales, cada una de las cuales a su vez opera de acuerdo con condiciones fijas, a las que pertenece una estructura temporal determinada. En la ejecución comunicativa de los migrantes de blogs, este recorrido se reconstruye como una fase de la vida en la que se suprime la vida cotidiana normal en favor de un tiempo de espera e inseguridad, en la que los destinos intermedios individuales son identificables y cuyo destino final con la inmigración realmente realizada, suele ser solo un paso intermedio más en el camino a largo plazo de la integración en la sociedad de acogida para los actores involucrados.

En este contexto, la reconstrucción narrativa y el reflejo reconstruido de las experiencias estresantes y su procesamiento interactivo por parte de la comunidad de actores en el blog, se puede ver como una estrategia conjunta de afrontamiento que no solo ayuda al individuo a procesar las experiencias, sino que al mismo tiempo es una apropiación y reinterpretación colectivamente válida del proceso de migración. Lo que contribuye significativamente a la construcción de una nueva identidad.

Blog corpus

Blog 1: Colnada-Canombia (http://colnada-canombia.blogspot.com)
Blog 2: Verdades a medias (http://leo-jajajajaja.blogspot.com)
Blog 3: Los loquitos en Canadá (http://loquitosrumboaca-nada.blogspot.com)
Blog 4: Los Marge en Canadá: argentinos en Canadá (http://los-marge.com.ar)
Blog 5: Mi vida en otro lado (http://mividaenotrolado.blogspot.com)
Blog 6: Pereiranos al Canadá (http://pereiranosalcanada.blogspot.com)
Blog 7: Una voz en la ciudad de Québec (http://unavozenque-bec.blogspot.com)
Blog 8: Vamos para Quebec (http://vamospaquebec.blogspot.com)
Blog 9: Volar a Quebec (http://volaraquebec.blogspot.com)
Blog 10: Los Ziegler En Canadá (http://loszieglerencanada.com)
Blog 11: Vivo en Canadá (https://www.vivoencanada.com/)
Blog 12: araguaney-maple (http://araguaney-maple.blogspot.com)
Blog 13: Contandodiaz (http://contandodiaz.blogspot.com/)
Blog 14: Mexicocanada: (http://mexicanoacanada.blogspot.com)
Blog francés: http://cymico.over-blog.com

Obras citadas

Antaki, Charles y Susan Widdicombe, ed. 1998. *Identities in Talk*. London: Sage.

Baynham, Mike y Anna De Fina. 2017. "Narrative analysis in migrant and transnational contexts." En *Researching Multilingualism. Critical and ethnographic perspectives*, ed. Marilyn Martin-Jones y Deirdre Martin, 31–45. Abingdon y New York: Routledge.

Berger, Peter L. y Thomas Luckmann. 1966. *The Social Construction of Reality: A Treatise in the Sociology of Knowledge*. Garden City, NY: Doubleday.

Berger, Peter L. y Thomas Luckmann. 1966. *Die gesellschaftliche Konstruktion der Wirklichkeit*. Frankfurt am Main: Fischer.

Bhabha, Homi K. 2000. *Die Verortung der Kultur*. Tübingen: Stauffenburg.

Bhabha , Homi K. 1994. *Location of Culture*. New York: Routledge

Brockmeier, Jens. 2015. "Erfahrung und Erzählung" En *Narrative Bewältigung von Trauma und Verlust*, ed. Carl Eduard Scheidt, Gabriele Lucius–Hoene, Anja Stukenbrock, y Elisabeth Waller, 1–13. Stuttgart: Schattauer.

Bühler, Karl. 1934. *Sprachtheorie. Die Darstellungsfunktion der Sprache*. Jena: G. Fischer.

Catani, Stephani y Frank Neuner. En imprenta. "Das Trauma erzählen. Die Posttraumatische Belastungsstörung als Motiv der deutschsprachigen Gegenwartsliteratur". En *Angstsprachen. Interdisziplinäre Zugänge zur kommunikativen Auseinandersetzung mit Angst*, ed. Barbara Frank-Job y Michael Joachim. Wiesbaden: Springer VS.

Charon, Rita. 2008. *Narrative Medicine. Honoring the stories of illness*. Oxford: Oxford University Press.

De Certeau, Michel. 1988. *The practice of everyday life*. Berkeley/Los Angeles: University of Califormia Press.

De Certeau, Michel. 1990. *L'Invention du Quotidien*. Vol. 1. Paris: Arts de Faire.

De Fina, Aanna. 2011. "Discourse and identity." En *Discourse studies. A multidisciplinary introduction* (2nd ed.)., ed. Teun A. van Dijk, 263–282. London: Sage.

De Fina, Anna, Deborah Schiffrin, y Michael Bamberg, ed. 2006. *Discourse and Identity*. Cambridge: Cambridge University Press.

De Fina, Anna, Schiffrin, Deborah, y Bamberg, M. Eds. 2006. *Discourse and identity*. Cambridge: Cambridge University Press.

Enderli, Samuel. 2014. *Weblogs als Medium elektronischer Schriftlichkeit. Eine systemtheoretische Analyse*. Hamburg: Diplomica Verlag.

Frank–Job, Barbara y Bettina Kluge. 2015. Multilingual Practices in Identity Construction: Virtual Communities of Immigrants to Quebec. En Transcultural Mobility, ed. Y. Campos, J. Michael, P. Prescod, y W. Raussert, 85–108. *fiar. Forum for Interamerican studies* 8.1. Universität Bielefeld.

Frank-Job, Barbara y Bettina Kluge. 2012. "Die kooperative Konstruktion von Identitäten im virtuellen Kommunkationsraum des Web 2.0: Blogs zum Thema Migration nach Québec." En *Sprache und Öffentlichkeit in realen und virtuellen Räumen*, ed. Annette Gerstenberg, Claudia Polzin-Haumann, y Dietmar Osthus, 47–78. Bonn: Romanistischer Verlag.

Frank-Job, Barbara, Alexander Mehler, y Tilmann Sutter, ed. 2013. *Die Dynamik sozialer und sprachlicher Netzwerke. Konzepte, Methoden und empirische Untersuchungen an Beispielen des WWW*. Wiesbaden: Springer VS.

Freeman, Mark. 2015. "'Nachträglichkeit,' traumatisch und nicht–traumatisch: Erinnerung, Erzählung und das Mysterium der Ursprünge." En *Narrative Bewältigung von Trauma und Verlust*, ed. Carl Eduard Scheidt, Gabriele Lucius–Hoene, Anja Stukenbrock, y Elisabeth Waller, 14–25. Stuttgart: Schattauer.

Garfinkel, Harold. 2002. *Working Out Durkheim's Aphorism: Ethnomethodology's Program*. Lanham, MD: Rowman y Littlefield.

Hahn, Alois. 1982. Zur Soziologie der Beichte und anderer Formen institutionalisierter Bekenntnisse: Selbstthematisierung und Zivilisationsprozess. *Kölner Zeitschrift für Soziologie und Sozialpsychologie* 34: 407–434.

Hahn, Alois. 1987. "Identität und Selbstthematisierung." En *Selbstthematisierung und Selbstzeugnis: Bekenntnis und Geständnis,* ed. Alois Hahn y Volker Kapp, 9–24. Frankfurt a.M.: Suhrkamp.

Hall, Stuart. 1996. "The question of cultural identity." En *Modernity and its futures*, ed. Stuart Hall, David Held, y Anthony McGrew, 274–316. Cambridge: Polity Press in association with the Open University.

Housley, / Fitzgerald. 2009. "Membership categorization, culture and norms in action." *Discourse & Society* 20, 3, 345–362.

Kallmeyer, Werner. 1981. "Gestaltungsorientiertheit in Alltagserzählungen." En *Erzählung und Erzählforschung im 20. Jh,* ed. Rolf Kloepfer y Gisela Janetzke–Dillner, 409–429. Stuttgart: Schattauer.

Kluge, Bettina. 2011. "'Mi vida en otro lado' – Identitätskonstitution in den Blogs lateinamerikanischer Immigranten in Québec." *En Hybridität, Transkulturalität und Kreolisierung: Innovation und Wandel in Kultur, Sprache und Literatur Lateinamerikas.* Jahrbuch des Österreichischen Lateinamerika–Instituts, 14, ed. E. Gugenberger y K. Sartingen, 193–219. Vienna, Münster: LIT–Verlag.

Kluge, Bettina. 2012. *Referential ambiguity in interaction. Establishing generic reference with second person pronouns in the Romance languages,* unpublished post–doctoral dissertation, Universität Bielefeld.

Kluge, Bettina. 2013. "'La integración es una negociación permanente'. Die Quebecer Integrationsdebatte in der Blogosphäre der lateinamerikanischen Immigranten in Québec." En *America Romana: Perspektiven transarealer Vernetzungen* (Reihe America Romana, Vol. 4), ed. Christine Felbeck, Johannes Kramer, y Andre Klump, 39–58. Frankfurt: Peter Lang.

Kluge, Bettina. 2015. "The joint construction of a supra-national Latin American identity in the Latin American blogging community in Quebec." En *A Sociolinguistics of Diaspora: Latino Practices, Identities and Ideologies,* ed. Rosina Márquez Reiter y Luisa Martín Rojo, 181–195. London: Routledge.

Labov, William y Joshua Waletzky. 1973. "Erzählanalyse: mündliche Versionen persönlicher Erfahrung" *En Literaturwissenschaft y Linguistik,* Vol. 2, ed. Jens Ihwe, 78–126. Frankfurt: Fischer–Athenäum Taschenbuch.

Lucius-Hoene, Gabriele. 2000. "Konstruktionen und Rekonstruktionen narrativer Identität." *Forum Qualitative Sozialforschung* 1, Art. 18. http://nbn–resolving.de/urn:nbn:de:0114–fqs0002189.

Lucius-Hoene, Gabriele y Arnulf Deppermann. 2002. *Rekonstruktion narrativer Identität. Ein Arbeitsbuch zur Analyse narrativer Interviews* (series "Lehrtexte Soziologie"). Opladen: Leske + Budrich.

Lucius-Hoene, Gabriele y Arnulf Deppermann. 2004a. "Narrative Identität und Positionierung." *Gesprächsforschung – Online-Zeitschrift zur verbalen Interaktion* 5, 166-183. at: http://www.gespraechsforschung-ozs.de/heft2004/ga-lucius.pdf.

Lucius-Hoene, Gabriele y Arnulf Deppermann. [2]2004b. *Rekonstruktion narrativer Identität. Ein Arbeitsbuch zur Analyse narrativer Interviews.* Wiesbaden: Springer VS.

McAdams, Dan P. 2006. *The redemptive self: Stories Americans live by.* New York: Oxford University Press.

Mishler, Elliot G. 2009. "Narrative and identity: the double arrow of time." En *Discourse and Identity*, ed. Anna De Fina, Deborah Shiffrin, y Michael Bamberg, 30–47. Cambridge: CUP.

Neuner, Frank, Maggie Schauer, y Thomas Elbert. 2009. "Narrative Exposition und andere narrative Verfahren." En *Posttraumatische Belastungsstörungen*, ed. Andreas Maercker, 302–318. Heidelberg: Springer.

Opp, Joachim y Barbara Frank-Job. 2017. "Hypothesen zur Genese dissoziativer Anfälle anhand der Anfallsschilderungen." *Zeitschrift für Epileptologie* 30 .1: 34–38.

Opp, Joachim, Barbara Frank-Job, y Heike Knerich, Heike. 2015. "Linguistische Analyse von Anfallsschilderungen zur Unterscheidung epileptischer und dissoziativer Anfälle." *Neuropädiatrie in Klinik und Praxis*, 14 .1: 2–10.

Quasthoff, Uta. 2001. "Erzählen als interaktive Gesprächsstruktur." En *Text– und Gesprächslinguistik. Ein internationales Handbuch zeitgenössischer Forschung.* Vol. 2., ed. Klaus Brinker, Gerd Antos, Wolfgang Heinemann, y Sven F. Sager, 1293–1309. Berlin y New York: de Gruyter.

Quasthoff, Uta. 1980. *Erzählen in Gesprächen*, Tübingen: Narr.

Quasthoff, Uta. 1981. "Zuhöreraktivitäten beim konversationellen Erzählen." En *Dialogforschung*, ed. P. Schröder y H. Steger, 287–313. Düsseldorf: Jahrbuch 1980 des Instituts für deutsche Sprache.

Raible, Wolfgang. 2004. "Über das Entstehen der Gedanken beim Schreiben." En *Performativität und Medialität*, ed. Sybille Krämer, 191–214. München: Fink.

Raible, Wolfgang. 1999. *Kognitive Aspekte des Schreibens.* Heidelberg: Winter (Schriften der Philosophisch-historischen Klasse der Heidelberger Akademie der Wissenschaften Vol. 14).

Ricoeur, Paul. 1980. "Narrative Time." *Critical Inquiry* 7 .1: 169–190.

Sack, Martin. 2015. "Narrative Arbeit im Kontext ‚schonender Traumatherapie.'" En *Narrative Bewältigung von Trauma und Verlust,* ed. Carl Eduard Scheidt, Gabriele Lucius-Hoene, Anja Stukenbrock, y Elisabeth Waller, 150–160. Stuttgart: Schattauer.

Schauer, M., F. Neuner, et al. 2011. *Narrative Exposure Therapy. A Short-term Treatment for Traumatic Stress Disorders.* Cambridge y Göttingen: Hogrefe & Huber Publishers.

Schauer, Maggie, Frank Neuner, y Thomas Elbert. 2005. *Narrative Exposure Therapy: A Short–Term Intervention for Traumatic Stress Disorders after War, Terror or Torture.* Göttingen: Hogrefe & Huber Publishers.

Schegloff, Emanuel A. 2007. "A tutorial on membership categorization." En: *Journal of Pragmatics* 39 (3), 462-482.

Scheidt, Carl Eduard y Gabriele Lucius-Hoene. 2015. "Kategorisierung und narrative Bewältigung bindungsbezogener Traumaerfahrungen im Erwachsenenbindungsinterview." En *Narrative Bewältigung von Trauma und Verlust,* ed. Carl Eduard Scheidt, Gabriele Lucius-Hoene, Anja Stukenbrock, y Elisabeth Waller, 26–38. Stuttgart: Schattauer.

Scheidt, Carl Eduard, Gabriele Lucius-Hoene, Anja Stukenbrock, y Elisabeth Waller. ed. 2015. *Narrative Bewältigung von Trauma und Verlust.* Stuttgart: Schattauer.

Schmidt, Jan. 2005. *Praktiken des Bloggens, Berichte der Forschungsstelle* "Neue Kommunikationsmedien," Nr. 05–01. http://www.fonk–bamberg.de/pdf/fonkbe–richt0501.pdf.

Schütz, Alfred. 1971. *Collected Papers I.* Den Haag: Martinus Nijhoff (= Phaenomenologica 11).

Schütz, Alfred y Thomas Luckmann. 1979. *Strukturen der Lebenswelt,* vol. 1. Frankfurt: Suhrkamp.

Weinrich, Harald. 1964. *Tempus. Besprochene und erzählte Welt.* Stuttgart: Kohlhammer.

Willems, Herbert. 1999. "Institutionelle Selbstthematisierungen und Identitätsbildungen im Modernisierungsprozess." En *Identität und Moderne*, ed. Herbert Willems y Alois Hahn, 62–101. Frankfurt a.M.: Suhrkamp.